Kauderwelsch
Band 11

Straßenbahn in Lissabon

Impressum

Jürg Konrad Ottinger
Portugiesisch – Wort für Wort
erschienen im
Reise Know-How Verlag Peter Rump GmbH
Osnabrücker Str. 79, D-33649 Bielefeld
info@reise-know-how.de

18. neu bearbeitete und verbesserte Auflage 2015

Bearbeitung Josef Overberg, Peter Rump
Layout Claudia Schmidt
Layout-Konzept Günter Pawlak, FaktorZwo! Bielefeld
Umschlag Peter Rump, Coverfoto ©ATLANTISMEDIA@Fotolia.com
Kartographie Iain Macneish
Fotos Fotografen@Fotolia.com (Nachweis am jeweiligen Foto), außer S. 45 und 135: Werner Lips (WL), aus: „Algarve & Lissabon", Reise Know-How Verlag, und S. 99: Daniela Shetar & Friedrich Köthe (SK), aus: „Madeira", Reise Know-How Verlag

Druck und Bindung Werbedruck GmbH Horst Schreckhase, Spangenberg

ISBN 978-3-8317-6437-2
Printed in Germany

Dieses Buch ist erhältlich in jeder Buchhandlung Deutschlands, Österreichs, der Schweiz und der Beneluxländer. Bitte informieren Sie Ihren Buchhändler über folgende Bezugsadressen:
Deutschland Prolit GmbH, Postfach 9, 35461 Fernwald (Annerod) sowie alle Barsortimente
Schweiz AVA-buch 2000, Postfach 27, CH-8910 Affoltern
Österreich Mohr Morawa Buchvertrieb GmbH, Sulzengasse 2, A-1230 Wien
Belgien & Niederlande Willems Adventure, www.willemsadventure.nl
direkt Wer im Buchhandel kein Glück hat, bekommt unsere Bücher zuzüglich Porto- und Verpackungskosten auch direkt über unseren Internet-Shop: ***www.reise-know-how.de***
Zu diesem Buch ist ein **AusspracheTrainer** erhältlich, als **MP3-Download** unter ***www.reise-know-how.de*** oder auf **Audio-CD** in jeder Buchhandlung Deutschlands, Österreichs, der Schweiz und der Benelux-Staaten.
Der Verlag möchte die **Reihe Kauderwelsch** weiter ausbauen und **sucht Autoren!** Mehr Informationen finden Sie unter ***www.reise-know-how.de/verlag/mitarbeit***

Kauderwelsch

Jürg Konrad Ottinger

Portugiesisch

Wort für Wort

ENERGIA NUCLEAR?
NÃO, OBRIGADOS!

Kauderwelsch-Sprachführer sind anders!

Warum? Weil sie Sie in die Lage versetzen, wirklich zu sprechen und die Leute zu verstehen.

Wie wird das gemacht? Abgesehen von dem, was jedes Sprachbuch bietet, nämlich Vokabeln, Beispielsätze usw. zeichnen sich die Bände der Kauderwelsch-Reihe durch folgende Besonderheiten aus:

Die **Grammatik** wird in einfacher Sprache so weit erklärt, dass es möglich wird, ohne viel Paukerei mit dem Sprechen zu beginnen, wenn auch nicht gerade druckreif.

Alle Beispielsätze werden doppelt ins Deutsche übertragen: zum einen **Wort-für-Wort,** zum anderen in „ordentliches" Hochdeutsch. So wird das fremde Sprachsystem sehr gut durchschaubar. Denn in einer fremden Sprache unterscheiden sich z. B. Satzbau und Ausdrucksweise recht stark vom Deutschen. Ohne diese Übersetzungsart ist es so gut wie unmöglich, schnell einzelne Wörter in einem Satz auszutauschen.

Die **Autorinnen** und **Autoren** der Reihe sind Globetrotter, die die Sprache im Land selbst gelernt haben. Sie wissen daher genau, wie und was die Leute auf der Straße sprechen. Deren Ausdrucksweise ist nämlich häufig viel einfacher und direkter als z. B. die Sprache der Literatur oder des Fernsehens.

Besonders wichtig sind im Reiseland **Körpersprache, Gesten, Zeichen** und **Verhaltensregeln,** ohne die auch Sprachkundige kaum mit Menschen in guten Kontakt kommen. In allen Bänden der Kauderwelsch-Reihe wird darum besonders auf diese Art der nonverbalen Kommunikation eingegangen.

Kauderwelsch-Sprachführer sind keine Lehrbücher, aber viel mehr als traditionelle Sprachführer! Wenn Sie ein wenig Zeit investieren und einige Vokabeln lernen, werden Sie mit ihrer Hilfe in kürzester Zeit schon Informationen bekommen und Erfahrungen machen, die „sprachlosen" Reisenden verborgen bleiben.

Inhalt

Inhalt

© KKR-SH@Fotolia.com

Hafen von Praia da Rocha (Algarve)

Vorwort

Falas português? – Sprichst du Portugiesisch? Schon mit wenigen Worten Portugiesisch findet man Zugang zu einer Welt, die sonst abwartend und gesichtslos, immer freundlich, aber verschlossen auf Eindringlinge reagiert. Mit einem einfachen bom dia (guten Tag) weckt man Interesse, man wird für einen winzig kleinen Moment als Mensch fassbar und ist nicht nur ein Vorbeiziehender, der für Einkommen sorgt oder bloß Verwirrung stiftet.

Vor vielen Jahren begann ich, mich mit der portugiesischen Sprache zu befassen. Die Brasilianisch sprechende Lehrerin des Sprachkurses vermittelte erste wichtige Anfänge wie bom dia (guten Tag), muito prazer (sehr erfreut), como se chama? (Wie heißen Sie?), nebst vielen anderen wichtigen Wörtern und Sätzen. In Portugal erlebte ich die große Enttäuschung: Ich verstand die Menschen im Norden des Landes nicht oder nur sehr schlecht. Jetzt begann der zweite Teil des Lernens. Ich beobachtete die Portugiesen auf der Straße, in Kaffeehäusern, begann Radio zu hören und schaute in Restaurants im Fernsehen Kindersendungen und andere einfache Geschichten an. So gewöhnten sich meine Ohren an den Klang der portugiesischen Sprache, und gleichzeitig verbesserte sich meine eigene Ausdrucksfähigkeit.

Karte von Portugal

Die meisten Lehrbücher sind leider vollgestopft mit Grammatik und einer Sprache, die nur in gebildeten Kreisen in den großen Städten gesprochen wird. So lernte ich menor (kleiner) und wurde von Portugiesen korrigiert: das hieße mais pequeno (mehr klein). So musste ich mühsam die neue Grammatik für Alltagsgespräche erlernen. Dieses Büchlein vermittelt genau das an Grammatik, was nötig ist, um sich in die portugiesische Sprache einzuarbeiten.

Bereits vom fünften Schuljahr an lernen die Kinder der portugiesischen Schulen ein oder zwei Fremdsprachen. Das Fernsehen strahlt viele englische Filme und Serien im Original mit portugiesischen Untertiteln aus. So verwundert es nicht, dass ein Tourist auf den beliebtesten Routen auch ohne Portugiesisch auskommt. Will man aber auf eigene Faust Land und Leute kennen lernen und erleben, sind portugiesische Sprachkenntnisse unbedingt notwendig.

Hinweise zur Benutzung

Der Kauderwelsch-Band Portugiesisch ist in die Abschnitte *Grammatik*, *Konversation* und *Wörterliste* gegliedert:

Die **Grammatik** beschränkt sich auf das Wesentliche und ist so einfach gehalten wie möglich. Deshalb sind auch nicht sämtliche Ausnahmen und Unregelmäßigkeiten der Sprache erklärt.

In der **Konversation** finden Sie Sätze aus dem Alltagsgespräch, die Ihnen einen ersten Eindruck davon vermitteln sollen, wie Portugiesisch „funktioniert", und die Sie auf das vorbereiten sollen, was Sie später in Portugal hören werden.

Jede Sprache hat ein typisches Satzbaumuster. Um die sich vom Deutschen unterscheidende Wortfolge portugiesischer Sätze zu verstehen, ist die **Wort-für-Wort-Übersetzung** in *kursiver* Schrift gedacht. Jedem portugiesischen Wort entspricht ein Wort in der Wort-für-Wort-Übersetzung.

Wird *ein* portugiesisches Wort im Deutschen durch *zwei* Wörter übersetzt, werden diese zwei Wörter in der Wort-für-Wort-Übersetzung mit einem Bindestrich verbunden, zum Beispiel:

O senhor podia ajudar-me?
der Herr (er-)konnte helfen-mir
Könnten Sie mir helfen?

Hören Sie sich Aussprachebeispiele mit Ihrem Smartphone an! Ausgewählte Kapitel im Konversationsteil sind dafür mit einem QR-Code ausgestattet. Wer kein Smartphone hat, kann sich die Sätze auch auf unserer Webseite anhören: www.reise-know-how.de/kauderwelsch/011

Das persönliche Fürwort ist der Deutlichkeit halber meist in Klammern ergänzt.

Achtung: Die Endung des Eigenschaftswortes richtet sich immer nach dem dazugehörigen Hauptwort.

Werden in einem Satz mehrere Wörter angegeben, die man untereinander austauschen kann, steht ein Schrägstrich.

A camioneta / o comboio está atrasada/o.
die Bus / der Zug ist verspätet
Der (Überland-)Bus / der Zug ist verspätet.

Abkürzungen

m / w	männlich / weiblich
Ez / Mz	Einzahl / Mehrzahl

Mit Hilfe der Wort-für-Wort-Übersetzung können Sie bald eigene Sätze bilden. Sie können die Beispielsätze als Fundus von Satzschablonen und -mustern benutzen, die Sie Ihren eigenen Bedürfnissen anpassen. Um Ihnen das zu erleichtern, ist ein Teil der Beispielsätze nach allgemeinen Kriterien geordnet.

Die **Wörterlisten** am Ende des Buches enthalten einen Grundwortschatz von je ca. 1000 Wörtern Deutsch-Portugiesisch und Portugiesisch-Deutsch, mit denen man schon eine ganze Menge anfangen kann.

Seitenzahlen
Um Ihnen den Umgang mit den Zahlen zu erleichtern, ist auf jeder Seite die Seitenzahl auch auf Portugiesisch angegeben!

Die **Umschlagklappe** hilft, die wichtigsten Sätze und Formulierungen stets parat zu haben. Aufgeklappt ist der Umschlag eine wesentliche Erleichterung, da nun die gewünschte Satzkonstruktion mit dem entsprechenden Vokabular aus den einzelnen Kapiteln kombiniert werden kann.

Aussprache & Betonung

Zwei Schwellen sind zu überwinden:

Man muss verstanden werden ... Das Wort „Thermometer" lässt sich vom Deutschen ins Portugiesische übertragen: termómetro. Wenn man hier aber wie im Deutschen betont, wird man vielleicht nicht verstanden. Der Schlüssel zur richtigen Betonung liegt über dem o: das Akzentzeichen ´. Daran erkennt man, welche Silbe betont werden muss. Akzente stehen aber leider nur auf Wörtern, die nicht den allgemeinen Betonungsregeln (s. u.) folgen.

Man muss verstehen lernen ... Der Kellner sagt beim Kassieren z. B. die Zahlen 66 und 76 so schnell, dass es oft schwer ist herauszuhören, was gemeint ist: sessenta e seis (66) bzw. setenta e seis (76).

*Am besten ist es, die Leute beim Sprechen zu beobachten, sich Fernsehsendungen anzuschauen, die Leute zu bitten, langsam zu sprechen (*Por favor, fale mais devagar. *– Sprechen Sie bitte langsamer!) und die Zahlen zu wiederholen, wenn z. B. der Kellner im Café den Preis nennt.*

Regeln zur Betonung

Wörter, die auf einen Selbstlaut (Vokal) enden und kein Akzentzeichen tragen, werden auf der vorletzten Silbe betont: abelha (Biene).

Wörter, die auf einen Mitlaut (Konsonanten) enden, werden auf der letzten Silbe betont: hotel (Hotel). Wörter mit den Endungen -am, -em, -as, -es, -os werden aber auf der vorletzten Silbe betont: abelhas (Bienen, *Mz*).

Wörter, deren Endsilbe einen nasalen Vokal enthält, werden auf eben dieser letzten Silbe betont: região (Region, Gegend).

Die Akzentzeichen ´ und ^ zeigen eine von diesen allgemeinen Regeln abweichende Betonungsstelle an, außerdem aber noch die offene (´) bzw. geschlossene (^) Aussprache des betreffenden Selbstlautes.

Ausspracheregeln Selbstlaute

a	*betont* etwa wie im Deutschen; *unbetont* ein etwas dumpferes „a": **cara** kara (Gesicht)
e	*betont* entweder offenes (dt. „B**e**tt") oder geschlossenes „e" (dt. „B**ee**t"), in Wörtern mit Akzentzeichen wird offenes „e" als **é** und geschlossenes „e" als **ê** geschrieben; offen: **festa** feschta (Fest), **café** kafe; geschlossen: **medo** meedu (Angst), **você** wossee (Sie); *unbetont* meistens ein Murmel-„e" ähnlich wie in dt. „Lieb**e**", aber v. a. am Wortende und vor s vielfach bloß gehaucht und kaum hörbar: **vale** wal^{e} (Tal), **estar** ^{i}schtar (sein)
i	wie im Deutschen; kein Unterschied zwischen betont und unbetont
o	*betont* entweder offenes (dt. „B**o**ck") oder geschlossenes „o" (dt. „B**oo**t"), in Wörtern mit Akzentzeichen wird offenes „o" als **ó** und geschlossenes „o" als **ô** geschrieben; offen: **moda** moda (Mode), **avó** awo (Großmutter); geschlossen: **ovo** oowu, **avô** awoo (Großvater); *unbetont* wie „u", aber oft bloß gehaucht und kaum hörbar: **português** purtugeesch *oder* purt^{u}geesch (portugiesisch)
u	wie im Deutschen; kein Unterschied zwischen betont und unbetont
ã	durch die Nase gesprochenes „a" (ebenso **am, an** vor Mitlauten bzw. **am** am Wortende): **lã** lã (Wolle), **campo** kãmpu (Feld)
õ	durch die Nase gesprochenes „o" (ebenso **om, on** vor Mitlauten bzw. **om** am Wortende): **a(c)ções** assõĩsch (Aktionen, Taten), **bom** bõ (gut), **conta** kõnta (Rechnung, Konto)
	Außerdem werden auch **em, en; im, in; um, un** durch die Nase gesprochen. Achtung: Anders als im Französischen spricht man dabei genau den jeweils geschriebenen Selbstlaut nasal aus; seine Klangfarbe ändert sich dabei also nicht: **lençol** lẽssol (Bettlaken), **sim** ssĩ (ja), **um** ũ (eins)

	Bei Doppelselbstlauten (z. B. **ai, au, ei, eu**) behalten die Bestandteile ihre Aussprache: **maio** maju (Mai), **meio** meeju (halb), **eu** ee-u (keinesfalls wie „oi", aber auch ohne Knacklaut zwischen dem e und dem u) (ich). Bei **ão** und **õe** werden jeweils beide Bestandteile nasal gesprochen: **cão** kãũ (Hund).
ou	wird zum langen geschlossenen „o": **pouco** pooku (wenig)

Ausspracheregeln Mitlaute

c	vor a, o und u wie „k": **cavalo** kawalu (Pferd), **curto** kurtu (kurz); vor e und i wie stimmloses „ß" / „ss": **cedo** sseedu (früh), **fácil** fassil (einfach)
ç	wie „ss": **almoço** almoossu (Mittagessen)
ch	wie stimmloses „sch" in „Schule": **cheque** schek^e (Scheck)
g	vor e und i stimmhaftes „sch", z. B. wie zweites „g" in „Gara**g**e": **gelado** ~~sch~~^eladu (Speiseeis), **girassol** ~~sch~~irassol (Sonnenblume)
gue, gui	durch Einschub eines stummen u erreicht man auch vor e und i die Aussprache als normales „g": **guerra** gerra (Krieg)
h	bleibt immer stumm: **hora** ora (Stunde)
j	stimmhaftes „sch", z. B. wie „j" in „**J**ournalist" (oder wie zweites „g" in „Gara**g**e"): **hoje** oo~~sch~~^e (heute)
l	oft dunkles „l" wie in dialektal „Kö**l**sch" oder engl. „we**ll**"
lh	wie „lj": **espelho** ˈschpeelju (Spiegel)
m	am Wortende zeigt es die nasale Aussprache des vorausgehenden Selbstlauts an, wird aber selbst nicht als Mitlaut ausgesprochen: **homem** omẽĩ (Mann, Mensch)
nh	wie „nj": **vinho** winju (Wein)
qu	vor e und i wie „k" (sonst wie „kw"): **quente** kẽnt^e (warm), **quilo** kilu (Kilo)
r	zwischen zwei Selbstlauten im Wortinneren sowie am Wortende als einfaches „r" (Rachen oder Zungenspitze); **rr** sowie **r** am Wortanfang ist ein auffällig stark geriebenes Rachen-„r"(wie im Französischen, aber stärker)

s	am Wortanfang stimmloses „ss“ („ß“): **saber** ssabeer (wissen); im Wortinneren zwischen zwei Mitlauten wie stimmhaftes „s“: **casa** kasa (Haus)< am Wort- bzw. Silbenende (d. h. auch im Wortinneren vor anderen Mitlauten) wie „sch“: **dois** doisch (zwei), **castelo** kaschtelu (Burg), **pescador** p^{i}schkadoor (Fischer), **nascido** naschssidu (geboren)
v	immer wie stimmhaftes „w“: **vaca** waka (Kuh)
x	meist wie stimmloses „sch“: **xadrez** schadreesch (Schach); manchmal wie „ss“ („ß“): **próximo** prossimu (nächster); selten wie deutsches „x“: **taxi** taxi (= takssi) (Taxi)
z	am Wortanfang und zwischen Vokalen wie stimmhaftes „s“: **zero** seru (Null), **dizer** diseer (sagen); am Wortende wie stimmloses „sch“: **voz** wosch (Stimme)

Wörter, die weiterhelfen

Ohne Grammatikkenntnisse können Sie sich bereits mit Hilfe der folgenden Formulierungen verständigen.

Onde é ...? (Wo ist ...?)

Wenn man etwas sucht, beginnt man mit onde é und hängt daran an, was man sucht:

Onde é um hotel?
Wo ist ein Hotel?

Onde é uma farmácia?
Wo ist eine Apotheke?

Onde é o sanitário?
Wo ist die Toilette?

Há ...? (Gibt es ...?)

Wenn man unsicher ist, ob es ein Ding in einem Geschäft oder wo auch immer gibt, fragt man mit Há ...?

Há pão?
Gibt es Brot?

O que há para comer?
Was gibt es zum Essen?

Há chá?
Gibt es Tee?

Quero ... (Ich möchte ...)

Mit quero verlangt man etwas, was erhältlich ist und was man gerne haben möchte:

Quero uma cerveja.
Ich möchte ein Bier.

Quero um quarto.
Ich möchte ein Zimmer.

Quero um bilhete para Évora.
Ich möchte eine Fahrkarte nach Évora.

Quanto custa ...? (Wie viel kostet ...?)

Quanto custa isto?
Wie viel kostet das hier?

Quanto custa o quarto?
Wie viel kostet das Zimmer?

Quanto custa o quilo?
Wie viel kostet das Kilo?

Auch Portugal hat seine Rechtschreibreform! Mitlaute, die in bestimmten Mitlautkombinationen ohnehin stumm bleiben, sollen in Zukunft nicht mehr geschrieben werden. Das europäische Portugiesisch passt sich damit der Orthographie Brasiliens an. Ein Beispiel: alt actual *– neu* atual *(aktuell). Diese Regelung wird z. Z. mit einer Übergangsfrist eingeführt.*

Pois, pois!

Hat der Portugiese alles verstanden, so antwortet er mit: Pois, pois! Das heißt so viel wie „ja, ja“, „so, so“, „So ist es!“ Zur Abwechslung streut der Portugiese sim, senhor ein, unabhängig davon, ob es sich um einen Mann oder eine Frau handelt, oder er sagt é é („ist ist“).

Verwandte Sprachen

Die folgenden drei Sprachen weisen große Ähnlichkeiten mit dem Portugiesischen auf.

Französisch

avion	**avião**	Flugzeug
apprendre	**aprender**	lernen
vinaigre	**vinagre**	Essig

Italienisch

vacca	**vaca**	Kuh
prezzo	**preço**	Preis

Spanisch

juego	**jogo**	Spiegel
jugar	**jogar**	spielen
playa	**praia**	Strand
azul	**azul**	blau

Hauptwörter, Artikel, Mehrzahl

Es gibt im Portugiesischen nur männliche und weibliche Hauptwörter.

a praia	der Strand
as praias	die Strände

uma praia	ein Strand
umas praias	einige Strände

o barco	das Boot
os barcos	die Boote

um barco	ein Boot
uns barcos	einige Boote

Anders als im Deutschen hat der unbestimmte Artikel im Portugiesische eine Mehrzahlform, und zwar mit der Bedeutung „einige".

bestimmter Artikel

o *(männlich)*, **a** *(weiblich)*

unbestimmter Artikel

um *(männlich)*, **uma** *(weiblich)*

Mehrzahlbildung

Ein s wird an das Hauptwort und an den Artikel angefügt. Ausnahme: um + s wird zu uns:

um homem	ein Mann
uns homens	einige Männer

Wenn ein Wort auf -r, - s oder -z endet, wird in der Mehrzahl die Endung -es angehängt.

a mulher	die Frau
as mulheres	die Frauen
o país	das Land
os países	die Länder
a luz	das Licht
as luzes	die Lichter

Wenn ein Wort auf -al, -ol, -ul oder -el endet, wird in der Mehrzahl -is angehängt, wobei das -l dann entfällt.

o papel	das Papier
os papéis	die Papiere

Die Endung -ão wird zu -ões:

a consumação	der Verzehr
as consumações	die Verzehre

Beachten Sie bei den Endungen die korrekte Aussprache: -ç- wird wie ss ausgesprochen, -ão und -ões nasal (-ão als ãũ, -ões als õĩsch).

Verhältniswörter + Artikel

Im Portugiesischen verschmelzen die Artikel mit den gebräuchlichsten Verhältniswörtern (Präpositionen). Die betreffenden Präpositionen sind a, de, em und por.

a (zu, nach, an) + Artikel

a + o *wird zu* ao a + a *wird zu* à

o pai	der Vater	**a água**	das Wasser
ao pai	dem Vater	**à água**	dem Wasser

de (von) + Artikel

de + o *wird zu* do de + a *wird zu* da

o mar	das Meer	**a casa**	das Haus
do mar	des Meeres	**da casa**	des Hauses

em (in) + Artikel

em + o *wird zu* no em + a *wird zu* na

o copo	das Glas	**a caixa**	die Schachtel
no copo	im Glas	**na caixa**	in der Schachtel

por (durch) + Artikel

por + o *wird zu* pelo por + a *wird zu* pela

o rapaz	der Junge	**a aldeia**	das Dorf
pelo rapaz	durch den Jungen	**pela aldeia**	durch das Dorf

Die Mehrzahl wird wie gehabt durch Anhängen der Endung -s an Hauptwort und Artikel gebildet: às águas (den Wassern).

Kauderwelsch-AusspracheTrainer
Falls Sie sich die wichtigsten portugiesischen Sätze, die in diesem Buch vorkommen, einmal von einer Einheimischen gesprochen anhören möchten, brauchen Sie den ***AusspracheTrainer*** *zu diesem Buch. Sie bekommen ihn als* ***MP3-Download*** *über unseren Internetshop* ***www.reise-know-how.de*** *oder auf* ***Audio-CD*** *in Ihrer Buchhandlung. Alle Sätze, die Sie auf dem* ***AusspracheTrainer*** *hören können,sind in diesem Buch mit einem Ohr (👂) gekennzeichnet.*

Eigenschaftswörter

Das Eigenschaftswort (Adjektiv) richtet sich in Geschlecht und Zahl nach dem Hauptwort, auf das es sich bezieht. Die weibliche Form und die Mehrzahl (männlich und weiblich) bildet man wie bei den Hauptwörtern.

Stellung des Eigenschaftswortes

o velho amigo	ein langjähriger Freund
o amigo velho	ein (an Jahren) alter Freund

Demzufolge liegt man mit nachgestellten Adjektiven in den meisten Fällen richtig.

Ein nachgestelltes Adjektiv drückt Eigenschaften gewissermaßen „neutral" aus, mit einem vorangestellten betont man Gefühle.

uma vista linda	eine schöne Aussicht
o bom tempo	das schöne Wetter
os lugares livres	die freien Plätze

Umstandswörter

Auf diese Weise kann man gewissermaßen einem Verb eine Eigenschaft zuschreiben.

Eigenschaftswörter kann man adverbial (Abk. *UW*) gebrauchen, indem der weiblichen Form die Endung -mente anhängt wird:

o comboio rápido	**O comboio anda rapidamente.**
der Zug schnell	*der Zug geht schnell (UW)*
der schnelle Zug	Der Zug fährt schnell.

Zwei wichtige Eigenschaftswörter *(EW)* bilden ihr abgeleitetes Umstandswort *(UW)* aber nicht auf diese Weise, sondern unregelmäßig:

Eigenschaftswort	Umstandswort
bom (gut)	**bem**
mau (schlecht)	**mal**

o bom vinho
der gute *(EW)* Wein

O vinho cheira bem.
Der Wein riecht gut *(UW)*.

um mau rapaz
ein schlechter *(EW)* Junge

O rapaz porta-se mal.
Der Junge benimmt sich schlecht *(UW)*.

Steigern

Die Portugiesen lieben ihren „gefühlsbetonten" Superlativ, besonders, wenn es um Preise geht. Das Preisgefälle zwischen Land und Stadt hat in den letzten Jahren stärker zugenommen. Aber natürlich ist auch der Komparativ für den praktischen Sprachgebrauch äußerst nützlich.

caro	teuer
mais caro	teurer
a / o mais caro	die / der teuerste
caríssimo/a	die / der allerteuerste
muito caro	sehr teuer

Übrigens: muito *(sehr, viel) spricht man nasal:* mũĩtu.

Gesteigert wird also mit mais (mehr) oder o mais (am meisten). Für den absoluten Superlativ verändert sich die Endung: -íssimo. Die weiblichen Formen lauten dementsprechend: mais, a mais, -íssima. In der Mehrzahl wird wiederum einfach ein -s angehängt.

wichtige Eigenschaftswörter mit unregelmäßiger Steigerung

bom	**melhor**	**o melhor**	**óptimo**	gut
boa		**a melhor**	**óptima**	
grande	**maior**	**o maior**	**máximo**	groß
grande		**a maior**	**máxima**	
pequeno	**menor**	**o menor**	**mínimo**	klein
pequena		**a menor**	**mínima**	
muito	**mais**	**o mais**	**muitíssimo**	viel
muita		**a mais**	**muitíssima**	
pouco	**menos**	**o menos**	**pouquíssimo**	wenig
pouca	**a menos**		**pouquíssima**	
mau	**pior**	**o pior**	**péssimo**	schlecht
má	**a pior**		**péssima**	

Soweit die offizielle Schriftsprache. Und wie sieht die Praxis aus? Leute, die nicht allzu lange in der Schule waren, verwenden nur wenige Formen der unregelmäßigen Steigerung. Zum Beispiel geht man Schuhe kaufen und verlangt kleinere: Preciso menores (ich brauche kleinere). Die Verkäuferin versteht aber nicht. Man wiederholt, und sie erinnert sich: Ah, mais pequenos!

Vergleichen

Einfache Vergleiche lassen sich mit do que (wörtlich: „*von-dem was*“) bilden.

Este vinho é mais barato do que o outro?
dieser Wein ist mehr billig vom was der andere
Ist dieser Wein billiger als der andere?

Este quarto é mais caro do que o outro.
dieses Zimmer ist mehr teuer vom was das andere
Dieses Zimmer ist teurer als das andere.

Persönliche Fürwörter

Anders als im Deutschen werden die persönlichen Fürwörter als Ausdruck des Subjekts (Satzgegenstand) nur in wenigen Fällen verwendet. In ganz normalen Sätzen ohne besondere Hervorhebung lässt man sie weg, da die handelnde Person bereits aus der Verb-Endung eindeutig hervorgeht.

eu	ich	**nós**	wir
tu	du	**vós**	ihr
ele	er	**eles**	sie *(m Mz)*
ela	sie *(w Ez)*	**elas**	sie *(w Mz)*
você	Sie	**vocês**	Sie *(Mz)*

Die „ihr“-Form vós *ist mittlerweile selten geworden. Man ersetzt sie zumeist durch* vocês*: Die Anrede* você(s) *wirkt nämlich nicht so distanziert wie das deutsche „Sie“!*

Verwendet werden die Subjekt-Fürwörter also nur, wenn eine Verwechslung möglich ist, oder um stärker zu betonen: Sou eu! (Ich bin's!).

Unbekannte oder Respektspersonen werden mit o senhor / a senhora angesprochen. Das vertraulichere você gilt nur unter gleichgestellten Personen, die sich kennen, oder gegenüber niedriger gestellten Personen.

Nach Verhältniswörtern stehen die Subjekt-Formen der persönlichen Fürwörter, außer in der „ich-" und der „du-" Form. An diesen Stellen gibt es die gesonderten Formen mim *bzw.* ti.

Wenn sich die persönlichen Fürwörter auf das (direkte oder indirekte) Objekt des Satzes (Satzergänzung) beziehen, kann man sie nicht auslassen. Leider sind die Regeln, wann man diese Fürwörter vor oder hinter das Verb stellt, recht kompliziert. Generell stehen sie eher nach dem Verb und werden dann mit einem Bindestrich angeschlossen. Bei verneinten Verben gehen sie aber voran, und sie werden als getrennte Wörter geschrieben.

Isso é para ti.
„Das ist für dich."

me	mich, mir	**nos**	uns
te	dich, dir	**vos**	euch
o	ihn	**os**	sie *(m Mz)*
a	sie *(w Ez)*	**as**	sie *(w Mz)*
lhe	ihm / ihr	**lhes**	ihnen

Die „Dativ"-Formen (Frage. wem?) lhe *und* lhes *gelten jeweils für beide Geschlechter.*

Vi-o.	**Não o vi.**
(ich-)sah-ihn	*nicht ihn (ich-)sah*
Ich habe ihn gesehen.	Ich habe ihn nicht gesehen.

Verben

Zwei für die praktische Verständigung auf Reisen wichtige Verben sind schon bekannt:

Há ...?	**Quero ...**
Gibt es ...?	Ich möchte ...
Há água?	**Há bananas?**
(es-)hat Wasser	*(es-)hat Bananen*
Gibt es Wasser?	Gibt es Bananen?

Nach quero kann man z. B. ein Verb in seiner Grundform (Infinitiv) einsetzen.

Quero beber uma água.
(ich-)will trinken eine Wasser
Ich möchte Wasser trinken.

Nach quero kann auch der Name der Sache angehängt werden, die man möchte.

Quero um quilo de bananas.
(ich-)will ein Kilo von Bananen
Ich möchte ein Kilo Bananen.

Wenn man den Namen der Sache nicht weiß, kann man folgende Wendung gebrauchen:

Quero um quilo disso.
(ich-)will ein Kilo von-das
Ich möchte ein Kilo davon.

Auch die Form disso *ist eine Verschmelzung der Präposition* de *mit einem anderen Wort, hier mit einem hinweisenden Fürwort.*

Weit reicht das aber nicht. Um sich auch nur grundlegend unterhalten zu können, kommt man an der Beugung der Verben nicht vorbei. Es gibt drei Beugungsklassen, nämlich:

Die Beugungsklassen unterscheiden sich nach dem Vokal der Infinitiv-Endung. Die Personen-Endungen der gebeugten Verben sind aber in den drei Beugungsklassen weitestgehend gleich.

-ar	**lavar** (waschen)	**perguntar** (fragen)
-er	**comer** (essen)	**beber** (trinken)
-ir	**abrir** (öffnen)	**pedir** (bitten)

regelmäßige Verben Gegenwart

lav-ar	waschen
lav-o	ich wasche
lav-as	du wäschst
lav-a	er / sie wäscht, Sie waschen
lav-amos	wir waschen
lav-ais	ihr wascht
lav-am	sie waschen, Sie *(Mz)* waschen

com-er	essen
com-o	ich esse
com-es	du isst
com-e	er / sie isst, Sie essen
com-emos	wir essen
com-eis	ihr esst
com-em	sie essen, Sie *(Mz)* essen

abr-ir	öffnen
abr-o	ich öffne
abr-es	du öffnest
abr-e	er / sie öffnet, Sie öffnen
abr-imos	wir öffnen
abr-is	ihr öffnet
abr-em	sie öffnen, Sie *(Mz)* öffnen

Hoje eu lavo as roupas.
heute ich (ich-)wasche die Kleider
Ich wasche heute die Wäsche.

Lavas tu hoje?
(du-)wäschst du heute
Du wäschst heute?

O senhor já comeu?
der Herr schon (er-)aß
Haben Sie schon gegessen?

Oder, wenn es sich um einen Bekannten handelt, mit dem man aber in der Höflichkeitsform verkehrt:

Você já comeu?
Sie schon (er/sie-)aß
Haben Sie schon gegessen?

Es gibt leider auch eine Anzahl wichtiger Verben, die unregelmäßig gebildet werden.

unregelmäßige Verben Gegenwart

dar (geben)	dizer (sagen)	fazer (machen)
dou	digo	faço
dás	dizes	fazes
dá	diz	faz
damos	dizemos	fazemos
dais	dizeis	fazeis
dão	dizem	fazem

ir (gehen)	poder (können)	pôr (setzen, stellen, legen)
vou	posso	ponho
vais	podes	pões
vai	pode	põe
vamos	podemos	pomos
ides	podeis	pondes
vão	podem	põem
saber (wissen)	**ver (sehen)**	**vir (kommen)**
sei	vejo	venho
sabes	vês	vens
sabe	vê	vem
sabemos	vemos	vimos
sabeis	vedes	vindes
sabem	vêem	vêm

Am Douro-Ufer in Porto

Hilfsverben

Es gibt im Portugiesischen die folgenden vier Hilfsverben:

estar – „sein", im Sinne von „sich (momentan) befinden", z. B. im Bus, im Restaurant, auf einem Platz, aber auch z. B. gesundheitliches Befinden (vorübergehende Zustände).

ser – „sein", im Sinne von „eine andauernde Eigenschaft haben", z. B. Wohnort, Herkunftsland, berufliche Tätigkeit, Mensch o. ä. sein, Charaktereigenschaft, Farbe.

ter – „haben", im Sinne von „besitzen". Es wird wie das deutsche Wort „haben" verwendet, z. B. etwas besitzen, Hunger haben, Geld haben, „heiß haben" (schwitzen), „kalt haben" (frieren).

haver – „haben". Dieses Hilfsverb kommt in der Alltagssprache selten vor. Allerdings gehört hierzu die häufige Form há (es gibt), die auch in anderen Zeitstufen vorkommt.

Beugung (Konjugation) Gegenwart

estar	ser	ter	
estou	sou	tenho	ich ...
estás	és	tens	du ...
está	é	tem	er, sie, Sie ...
estamos	somos	temos	wir ...
estais	sois	tendes	ihr ...
estão	são	têm	sie, Sie *(Mz)* ...

Aussprache von	**tens**	tẽĩsch
	tem	tẽĩ
	têm	tẽĩjẽĩ

Und jetzt ein Beispiel, das alle drei Verben umfasst:

Eu sou da Alemanha, estou em Portugal e tenho calor.
ich (ich-)bin von Deutschland (ich-)bin in Portugal und (ich-)habe Hitze
Ich komme aus Deutschland, bin jetzt in Portugal, und mir ist heiß.

momentane Handlung

Mit der Konstruktion estar + a + Grundform eines anderen Verbs drückt man aus, dass man im Moment dabei ist, etwas zu tun:

Vocês estão a comer.
Sie (sie-)sind zu essen
Ihr seid am Essen. / Ihr esst gerade.

Auch für die Verben gilt, dass man die 2. Person Mehrzahl gänzlich durch vocês ersetzen kann bzw. sollte. Dann muss allerdings auch die Endung des Verbs geändert werden, nämlich in die 3. Person Mehrzahl (vergleichbar also mit der deutschen Sie-Form).

Die Zeiten

Sobald man zu erzählen beginnt, reicht die Gegenwartszeit nicht mehr aus. Man muss weitere Zeitstufen des Verbs lernen.

Zukunft

Am einfachsten ist es, das Verb ir (gehen) + Grundform eines Verbes zu gebrauchen:

Amanhã vou nadar.
morgen (ich-)gehe schwimmen
Ich werde morgen schwimmen.

Das Bedeutungselement der Bewegung (wie in „essen gehen") ist im Portugiesischen nicht erforderlich.

Vamos comer juntos esta noite?
(wir-)gehen essen zusammen diese Nacht
Gehen wir heute Abend zusammen essen?

Der Umweg über die ir-Konstruktion hat den Vorteil, dass man keine Extraformen für die unregelmäßigen Verben lernen muss.

Die eigentliche Zukunftsform erhält man, indem man folgende Personalendungen an den Infinitiv der regelmäßigen Verben hängt:

In der portugiesischen Umgangssprache ist es übrigens auch nicht falsch, wenn man wie im Deutschen die Gegenwartszeit in Kombination mit auf die Zukunft bezogenen konkreten Zeitangaben (z. B. „morgen") verwendet.

-ei	**comerei**	ich werde essen
-ás	**comerás**	du wirst ...
-á	**comerá**	er, sie, Sie werden ...
-emos	**comeremos**	wir werden ...
-eis	**comereis**	ihr werdet ...
-ão	**comerão**	sie, Sie *(Mz)* werden ...

Vergangenheit

Eine brauchbare Aushilfsform für den Anfang bildet man durch die Kombination von ter (haben) mit dem Partizip Perfekt des Tätigkeitsworts (z. B. „gewaschen“, „gegessen“).

Bildung des Partizip Perfekts			
Verben auf **-ar:**	**lavar**	*wird zu*	**lavado**
Verben auf **-er:**	**comer**	*wird zu*	**comido**
Verben auf **-ir:**	**proibir**	*wird zu*	**proibido**

Leider wird bei den auf -ir endenden Verben das Partizip Perfekt mehrheitlich unregelmäßig gebildet, z. B.:

abrir (öffnen)	*wird zu*	**aberto** (geöffnet)

Tenho lavado as roupas.
(ich-)habe gewaschen die Kleider
Ich habe die Wäsche gewaschen.

Já tenho comido muitas sardinhas e ainda tenho fome.
schon (ich-)habe gegessen viele Sardinen und noch (ich-)habe Hunger
Ich habe schon viele Sardinen gegessen und habe immer noch Hunger.

Die korrekte Verwendung dieser Konstruktion ist also viel enger gefasst als etwa das deutsche „haben“-Perfekt.

Diese Konstruktion eignet sich aber im Prinzip nur für die unmittelbare Vergangenheit. Bei länger zurückliegenden Ereignisse ist sie eigentlich nicht korrekt, ist aber als Behelf brauchbar und wird verstanden. Bei korrekter Verwendung muss die Handlung aus der Vergangenheit noch in die Gegenwart hineinreichen bzw. noch immer wirksam sein.

Im Beispiel mit den Sardinen fand das Essen in der unmittelbaren Vergangenheit statt, aber der damit im Zusammenhang stehende Hunger ist immer noch gegenwärtig. Im Beispiel mit dem Waschen ist die Bedeutung am ehesten: „Ich bin die ganze Zeit bis jetzt dabei gewesen, die Wäsche zu waschen."

historisches Perfekt

Mit dem historischen Perfekt werden abgeschlossene Handlungen der Vergangenheit ausgedrückt.

Das historische Perfekt ist das wichtigste und bedeutungsmäßig neutralste Ausdrucksmittel für die Vergangenheitszeit.

regelmäßige Verben im historischen Perfekt

lavar (-ar) (waschen)	comer (-er) (essen)	abrir (-ir) (öffnen)
lavei	comi	abri
lavaste	comeste	abriste
lavou	comeu	abriu
lavámos	comemos	abrimos
lavastes	comestes	abristes
lavaram	comeram	abriram

Hilfsverben im historischen Perfekt

ser (sein)	estar (sein)	ter (haben)
fui	estive	tive
foste	estiveste	tiveste
foi	esteve	teve
fomos	estivemos	tivemos
fostes	estivestes	tivestes
foram	estiveram	tiveram

Die Vergangenheitsformen der Hilfsverben sind stark unregelmäßig.

wichtige unregelmäßige Verben im historischen Perfekt

dar (geben)	dizer (sagen)	fazer (machen)
dei	disse	fiz
deste	disseste	fizeste
deu	disse	fez
demos	dissemos	fizemos
destes	dissestes	fizestes
deram	disseram	fizeram

Achtung: das historische Perfekt von ir *ist mit dem von* ser *identisch.*

ir (gehen)	poder (können)	querer (mögen)
fui	pude	quis
foste	pudeste	quiseste
foi	pôde	quis
fomos	pudemos	quisemos
fostes	pudestes	quisestes
foram	puderam	quiseram

saber (wissen)	trazer (herbringen)	ver (sehen)
soube	trouxe	vi
soubeste	trouxeste	viste
soube	trouxe	viu
soubemos	trouxemos	vimos
soubestes	trouxestes	vistes
souberam	trouxeram	viram

vir (kommen)	pôr (setzen, stellen, legen)
vim	pus
vieste	puseste
veio	pôs
viemos	pusemos
viestes	pusestes
vieram	puseram

Ontem nadei uma hora.
gestern (ich-)schwamm eine Stunde
Gestern habe ich eine Stunde geschwommen.

Já comeste?
schon (du-)aßest
Hast du schon gegessen?

Imperfekt

Mit dem Imperfekt werden Handlungen ausgedrückt, die zu dem Zeitpunkt, an dem eine andere Handlung einsetzt, noch nicht abgeschlossen sind. Sie stellt oft eine Rahmenhandlung für konkrete Einzelereignisse dar. Auch gewohnheitsmäßige oder sich ständig wiederholende Ereignisse der Vergangenheit stehen meist im Imperfekt.

Eu tomava banho quando ele entrou.
ich (ich-)nahm Bad als er (er-)eintrat
Ich war gerade in der Badewanne, als er hereinkam.

Modale Hilfsverben: *Auch das Portugiesische hat eine Reihe von Verben und Verbkonstruktionen, mit denen man „Modalitäten" wie „sollen", „müssen", „können" usw. ausdrückt. Dabei wird nur das modale Hilfsverb gebeugt. Das bedeutungstragende Vollverb steht nach dem Hilfsverb in der Grundform (Infinitiv).*

ter de, ter que
müssen

dever
sollen, müssen

saber
können (durch Lernen)

poder
können (Möglichkeit), dürfen

querer
wollen

regelmäßige Verben im Imperfekt

lavar (-ar) (waschen)	comer (-er) (essen)	abrir (-ir) (öffnen)
lavava	comia	abria
lavavas	comias	abrias
lavava	comia	abria
lavávamos	comíamos	abríamos
laváveis	comíeis	abríeis
lavavam	comiam	abriam

wichtige unregelmäßige Verben im Imperfekt

pôr (setzen, legen)	vir (kommen)
punha	vinha
punhas	vinhas
punha	vinha
púnhamos	vínhamos
púnheis	vínheis
punham	vinham

Hilfsverben im Imperfekt

ser (sein)	estar (sein)	ter (haben)
era	estava	tinha
eras	estavas	tinhas
era	estava	tinha
éramos	estávamos	tínhamos
éreis	estáveis	tínheis
eram	estavam	tinham

Bedingungsform (Konditional)

Das Portugiesische hat zwar eine gesonderte Bedingungsform, aber in der Umgangssprache tritt dafür meist das Imperfekt ein.

Eu gostava de ser rico.
ich (ich-)liebte zu sein reich
Ich würde gerne reich sein.

Eu gostava de comprar um carro.
ich (ich-)liebte zu kaufen ein Auto
Ich würde gerne ein Auto kaufen.

Bei der echten Bedingungsform treten die Imperfekt-Endungen -ia, -ias, -ia, -íamos, -íeis, -iam an den Infinitiv des Verbs an, z. B.: eu gostaria. Der Form nach ist der Konditional also gewissermaßen das Imperfekt zur Futurzeit (Zukunft).

Der Konditional dient, ähnlich wie im Deutschen, auch als Höflichkeitsform. Dementsprechend wird in der Umgangssprache auch hier das Imperfekts verwendet:

O senhor podia ajudar-me?
der Herr (er-)könnte helfen-mir
Könnten Sie mir helfen?

Desejava fazer-lhe um favor.
(ich-)wünschte machen-ihm/-ihr ein Gefallen
Ich würde Ihnen gerne einen Gefallen tun.

Mit Hilfe des Konditionals als Höflichkeitsform bzw. des Imperfekts als dessen volkstümlicher Ersatzform kann man auch die Befehlsform des Verbs (Imperativ) sowie den bei der Anrede mit „Sie“ anstelle des Imperativs zu benutzenden Konjunktiv vermeiden. Sagen Sie einfach „Könnten Sie bitte XYZ tun?“ statt „Tun Sie XYZ“.

Satzbildung

Die generelle Reihenfolge der Wörter im Satz ist Subjekt (Satzgegenstand) - Prädikat (Satzaussage) - Objekt (Satzergänzung). Typisch deutsche Besonderheiten wie die „Satzklammer" („ich möchte ... XYZ ... machen") gibt es im Portugiesischen nicht; Hilfsverb und Vollverb (Infinitiv oder Partizip) stehen immer direkt beisammen.

Anders als im Deutschen behalten auch Nebensätze (z. B. „weil"-Sätze) die normale Wortreihenfolge bei.

Começamos a aprender português.
(wir-)beginnen zu lernen Portugiesisch
Wir fangen an, Portugiesisch zu lernen.

Das Gleiche gilt, wenn ein Satz verneint wird. Die Verneinung steht immer vor einem Verb.

Andererseits stehen im Portugiesischen persönliche Fürwörter in Objekt-Funktion nach gewissen Regeln auch schon einmal vor dem Verb, während ihre Stellung im Deutschen so wie die der Hauptwörter ist.

Queres ir comigo?
(du-)willst gehen mit-mir
Möchtest du mit mir kommen?

Não quero ir contigo.
nicht (ich-)will gehen mit-dir
Ich möchte nicht mit dir gehen.

Dieses & Jenes

Es gibt drei hinweisende Fürwörter (Demonstrativpronomen), die jeweils eine relative Entfernung vom Sprecher bzw. Angesprochenen zum Ausdruck bringen:

isto	das hier, dieses *(greifbar im Bereich des Sprechers)*
isso	das da, dieses *(greifbar im Bereich des Angesprochenen)*
aquilo	das dort, jenes *(entfernt vom Sprecher und vom Angesprochenen)*

Beachten Sie: isto, isso, aquilo sind nicht wie Eigenschaftswörter als Begleiter von Hauptwörtern zu gebrauchen.

Que é isto?
Was ist das?

Isto é um jornal.
Das ist eine Zeitung.

Que é aquilo?
Was ist das dort?

Aquilo é uma revista.
Das ist eine Zeitschrift.

Weitere Möglichkeiten, nach einer Sache zu fragen:

Como se chama isso?
wie sich (es-)ruft dieses
Wie heißt das?

Isso é um guarda-sol.
dieses (er-)ist ein Sonnenschirm
Das ist ein Sonnenschirm.

Wie Eigenschaftswörter werden hingegen die folgenden hinweisenden Fürwörter verwendet, die sich in Zahl und Geschlecht nach dem Hauptwort, das sie näher bestimmen, richten. Die Verwendung ist ansonsten die gleiche.

	m	w	
Ez	este	esta	*nahe beim*
Mz	estes	estas	*Sprecher*
Ez	esse	essa	*nahe beim*
Mz	esses	essas	*Angesprochenen*
Ez	aquele	aquela	*weit entfernt*
Mz	aqueles	aquelas	

Queres provar este bolo?
(du-)willst probieren dieser Kuchen
Möchtest du diesen Kuchen probieren?

Sim, obrigado, quero provar esse bolo.
ja danke (ich-)will probieren dieser Kuchen
Ja, danke, ich möchte diesen Kuchen probieren.

Beachten Sie außerdem noch, dass die Verhältniswörter em und de auch mit den hinweisenden Fürwörter verschmelzen und dann „Ein-Wort-Formen" bilden:

aquele	jener
naquele	in jenem

Aquele restaurante é bom?
Ist das Restaurant dort gut?

Dasselbe, stilistisch besser formuliert:

Come-se bem naquele restaurante ?
(es-)isst-sich gut in-jener Restaurant
Isst man in dem Restaurant dort gut?

esta	diese
desta	von dieser

Esta sopa é boa.
Diese Suppe ist gut.

Eu gosto desta sopa.
ich (ich-)gernhabe von-diese Suppe
Ich mag diese Suppe.

Schließlich gibt es solche verschmolzenen „Ein-Wort-Formen" auch mit den persönlichen Fürwörtern der 3. Person ele, ele, eles und elas.

Gosto dela.
(ich-)gernhabe von-sie
Sie gefällt mir.

Hier & Dort

Um Ortsangaben zu machen, sind auch die folgenden Wörter hilfreich.

onde?	wo?
aqui, cá	hier
lá, aí	dort
ali	dort *(weiter entfernt)*

Onde é o meu lugar?
wo (er-)ist der mein Platz
Wo ist mein Platz?

O seu lugar é ali.
der sein Platz (er-)ist dort
Ihr Platz ist dort.

Am Strand werden oft Schattenplätze vermietet:

Onde está a minha sombra?
wo (sie-)ist die meine Schatten
Wo ist mein Schattenplatz?

Die Ausdrücke für „hier“ und „dort“ lernt man schnell, wenn man auf die Handbewegungen des Antwortenden schaut.

Cá?
Hier?

Não, ali!
Nein, dort drüben!

weitere wichtige Wörter zur Ortsbestimmung

no (= **em** + **o**)	im (in dem)
na (= **em** + **a**)	in der ...
dentro (de)	innerhalb (von)
fora (de)	außerhalb (von)
em frente (de)	vorne, gegenüber
atrás (de)	hinten (hinter)
ao lado (de)	nebenan
em cima (de)	oben (oberhalb von)
em baixo (de)	unten (unterhalb von)
entre	zwischen
além	jenseits, dort drüben
no outro lado	auf der anderen Seite
em parte alguma	irgendwo
por toda a parte	überall

Weitere Präpositionen finden Sie auf S. 21 und S. 53 (Zeit). Außerdem:

com – *mit*

sem – *ohne*

para – *für*

por – *durch*

por causa de – *wegen*

Windmühle als Wasserpumpe bei Odiáxere (Algarve)

Besitzanzeigende Fürwörter

Die besitzanzeigenden Fürwörter (Possessivpronomen) kann man wie Eigenschaftswörter und wie selbständige Wörter benutzen.

De quem é esta mochila?
von wem (sie-)ist diese Rucksack
Wem gehört dieser Rucksack?

Esta mochila é a minha.
diese Rucksack (sie-)ist die meine
Dieser Rucksack gehört mir.

Qual é a sua mala?
welche (sie-)ist die seine Koffer
Welcher ist Ihr Koffer?

A minha é esta.
die meine (sie-)ist diese
Das ist meiner.

Hier die gebeugten Formen im Überblick:

	Ez m	Ez w	Mz m	Mz w
mein(e)	o meu	a minha	os meus	as minhas
dein(e)	o teu	a tua	os teus	as tuas
sein(e)/ihr(e)	o seu	a sua	os seus	as suas
unser(e)	o nosso	a nossa	os nossos	as nossas
euer(e)	o vosso	a vossa	os vossos	as vossas
ihr(e)/Ihr(e)	o seu	a sua	os seus	as suas

Achtung: Die besitzanzeigenden Fürwörter werden immer mit dem Artikel verwendet und richten sich in Zahl und Geschlecht nach dem Hauptwort, auf das sie sich beziehen.

Falta o seu passaporte.
(er-)fehlt der sein Pass
Ihr Pass fehlt.

Já dei ontem à noite o meu passaporte ao empregado.
schon (ich-)gab gestern zu-die Nacht der mein Reisepass zu-der Angestellte
Ich habe dem Angestellten schon gestern Abend meinen Pass gegeben.

Rückbezügliche Fürwörter

Das rückbezügliche Fürwort se (sich) verhält sich genauso wie die Objekt-Pronomen, d. h. es wird in der Regel an das Verb angehängt, kann aber diesem auch vorangehen.

lavo-me	ich wasche mich
lavas-te	du wäschst dich
lava-se	er / sie wäscht sich
lavamo-nos	wir waschen uns
lavais-vos	ihr wascht euch
lavam-se	sie waschen sich

In der „wir"-Form ist hier aus lautlichen Gründen das -s der Verb-Endung ausgefallen. Ähnliche lautliche Anpassungen des Verbs gibt es auch bei anderen nachgestellten Fürwortformen.

Zahlen & Zählen

Erinnern Sie sich an die Wörter, die weiterhelfen? Eine Wendung lautete Quanto custa? (Wie viel kostet das?). Wenn man die Antwort darauf verstehen will, muss man die Zahlen lernen.

Die Zahlen 1 und 2 haben, ebenso wie die Hunderter, verschiedene Formen für männliche und weibliche gezählte Gegenstände bzw. Personen. Sie verhalten sich also ähnlich den Eigenschaftswörtern.

0	**zero**		
1	**um, uma**	2	**dois, duas**
3	**três**	4	**quatro**
5	**cinco**	6	**seis**
7	**sete**	8	**oito**
9	**nove**	10	**dez**
11	**onze**	12	**doze**
13	**treze**	14	**catorze**
15	**quinze**	16	**dezasseis**
17	**dezassete**	18	**dezoito**
19	**dezanove**	20	**vinte**

30	**trinta**
40	**quarenta**
50	**cinquenta**
60	**sessenta**
70	**setenta**
80	**oitenta**
90	**noventa**
100	**cem**

In den zusammengesetzten Zahlen von 101 bis 199 heißt 100 cento, ab 200 heißt es dann (mit Abweichungen) centos *(m Mz)* bzw. centas *(w Mz)*.

101	**cento e um, -a**
199	**cento e noventa e nove**
200	**duzentos, -as**
300	**trezentos, -as**
400	**quatrocentos, -as**
500	**quinhentos, -as**
600	**seiscentos, -as**
700	**setecentos, -as**
800	**oitocentos, -as**
900	**novecentos, -as**
1000	**mil**
2000	**dois mil, duas mil**
10000	**dez mil**
100000	**cem mil**

Wie in anderen Sprachen auch, sind die Ordnungszahlen echte Adjektive und stimmen daher im Geschlecht (und in bestimmten Sinnzusammenhängen auch schon einmal in der Zahl) mit dem Hauptwort, auf das sie sich beziehen, überein.

1.	**primeiro, -a**
2.	**segundo, -a**
3.	**terceiro, -a**
4.	**quarto, -a**
5.	**quinto, -a**
6.	**sexto, -a**
7.	**sétimo, -a**
8.	**oitavo, -a**
9.	**nono, -a**
10.	**décimo, -a**

Maße & Mengen

Hier einige gebräuchliche Mengenangaben und -bezeichnungen, die in Portugal üblich sind.

um par	ein Paar
uma dúzia	ein Dutzend
um conto	1000
dois contos	2000
60 e tal	60 und etwas
un quarto de quilo	ein viertel Kilo
meio quilo	ein halbes Kilo

Dois mais três são cinco.
2 + 3 = 5

Oito menos quatro são quatro.
8 – 4 = 4

Três vezes três são nove.
3 × 3 = 9

Dez a dividir por dois são cinco.
10 : 2 = 5

milímetro	Millimeter
centímetro	Zentimeter
decímetro	Dezimeter
metro	Meter
légua marítima	Seemeile

decilitro	Deziliter
litro	Liter
hectolitro	Hektoliter
metro quadrado	Quadratmeter
are	Ar
hectare	Hektar
milímetro cúbico	Kubikmillimeter
metro cúbico	Kubikmeter
miligrama	Milligramm
grama	Gramm
meio quilo	halbes Kilo
quilo	Kilo
tonelada	Tonne
tonelada bruta	Bruttoregistertonne

muito	viel
pouco	wenig
tudo	alles
mais	mehr
menos	weniger
bastante	genug
apenas	nur
tanto	so viel
demais	zu viel
algo	etwas
pelo menos	mindestens
ao menos	wenigstens

Geld

Die Gemeinschaftswährung euro hat am 1. Januar 2002 den escudo abgelöst.

o dinheiro	Geld
a massa	Geld
a nota	Geldschein
as moedas	Geldstücke
o troco	Wechselgeld
x	(gesprochen schisch) Geldmenge, die man nicht genau kennt, wie Schmiergeld, Schwarzgeld, ungenannte Summe

Münzen:

cêntimo (100 cêntimos = 1 euro)
1 cêntimo, 2, 5, 10, 20, 50 cêntimos
1 euro, 2 euros

Geldscheine:

5, 10, 20, 50, 100, 200, 500 euros

Alle Buchstaben der Währungsbezeichnung euro werden einzeln ausgesprochen. Das e und das u werden also nicht wie im Deutschen zu oi oder einem anderen derartigen Doppelvokal (also nicht wie in „*Eu*le"), sondern bleiben getrennte Einzelvokale wie in „be*u*nruhigen".

Uhrzeit & Zeitbegriffe

Portugiesen sind häufig nicht besonders pünktlich:

Vou encontrar-te entre as cinco e as cinco e meia.
(ich-)gehe treffen-dich zwischen die fünf und die fünf und halbe
Ich treffe dich dann zwischen 5 und halb 6.

Die öffentlichen Verkehrsmittel verkehren recht pünktlich. Verspätungen sind seltener geworden und resultieren in den Ballungszentren vor allem aus Verkehrsüberlastung auf den Hauptachsen.

A camioneta / o comboio está atrasada/o.
die Bus / der Zug (er-)ist verspätet
Der Überlandbus / der Zug ist verspätet.

hoje	heute
amanhã	morgen
ontem	gestern
cedo – tarde	früh – spät
depois / mais tarde	später
agora – logo	jetzt – gleich
quando	als, wann
em	in
entre	zwischen
desde	seit
até	bis

Uhrzeit (*as horas*)

Que horas são?
was Stunden (sie-)sind
Wie spät ist es?

Wir sagen „es ist soundso viel Uhr“, die Portugiesen sagen „es sind soundso viele Stunden“.

É uma hora (de manhã).
(sie-)ist eine Stunde (von-die Morgen)
Es ist 1 Uhr (morgens).

São duas horas (da tarde).
(sie-)sind zwei Stunden (von-die Nachmittag)
Es ist 2 Uhr (nachmittags).

São três e cinco.
(sie-)sind drei und fünf
Es ist 5 nach 3.

É meio-dia / meia-noite.
(er-)ist halber-Tag / halbe-Nacht
Es ist Mittag / Mitternacht.

São cinco e meia.
(sie-)sind fünf und halbe
Es ist halb 6.

São dez para as duas.
(sie-)sind zehn für die zwei
Es ist 10 vor 2.

São onze e um quarto.
(sie-)sind elf und ein Viertel
Es ist Viertel nach 11.

É um quarto para o meio-dia.
(er-)ist ein Viertel für der halbe-Tag
Es ist Viertel vor 12 (mittags).

A que horas sai o comboio para o Porto?
zu was Stunden (er-)abfährt der Zug für der Porto
Um wie viel Uhr fährt der Zug nach Porto ab?

Às quatro e onze da tarde.
zu-die vier und elf von-die Nachmittag
Um 11 nach 4 nachmittags.

Às dezasseis e onze.
zu-die sechzehn und elf
Um 16:11 Uhr.

die Woche *(a semana)*

segunda-feira	Montag
terça-feira	Dienstag
quarta-feira	Mittwoch
quinta-feira	Donnerstag
sexta-feira	Freitag
sábado	Samstag
domingo	Sonntag

Feira heißt „Markttag“ und kann bei der Bezeichnung des Wochentages auch weggelassen werden. Für z. B. „Montag“ reicht es also aus, anstatt segunda-feira nur segunda zu sagen, usw.

Que dia é hoje?
Welcher Tag ist heute?

Hoje é segunda.
Heute ist Montag.

der Monat *(o mês)*

Sie werden die Monate und Jahreszeiten sehr oft auch mit großen Anfangsbuchstaben geschrieben finden; dies entspricht dann der alten Rechtschreibung.

janeiro	**julho**
fevereiro	**agosto**
março	**setembro**
abril	**outubro**
maio	**novembro**
junho	**dezembro**

das Jahr *(o ano)*

dois mil e onze
2011

a primavera	der Frühling
o verão	der Sommer
o outono	der Herbst
o inverno	der Winter

Zeitbegriffe

de manhã	morgens
durante o dia	tagsüber
de tarde	nachmittags
à noite	abends, nachts
há dois dias	vor zwei Tagen

„es hat zwei Tage“

daqui a quatro dias	in vier Tagen
a semana passada	letzte Woche
na próxima semana	in der nächsten Woche
o fim de semana	Wochenende
o dia feriado	Feiertag
o aniversário	Geburtstag
o mês inteiro	der ganze Monat

Boote am Strand

Fragen

In Entscheidungsfragen, auf die man normalerweise nur mit Ja oder Nein antworten kann, ist der Fragesatz mit dem Aussagesatz identisch. Nur die Satzmelodie verändert sich.

Tomamos um táxi.	**Tomamos um táxi?**
(wir-)nehmen ein Taxi	*(wir-)nehmen ein Taxi*
Wir nehmen ein Taxi.	Nehmen wir ein Taxi?

In einer Ergänzungsfrage, auf die man mit einem vollständigen Satz oder einem Satzteil antwortet, wird dem Aussagesatz ein konkretes Fragewort vorangestellt:

Vamos comer.	**Onde vamos comer?**
(wir-)gehen essen	*wo (wir-)gehen essen*
Wir gehen essen.	Wo gehen wir essen?

Gibt es in einem solchen Fragesatz ein Hauptwort als Subjekt, so tauscht dieses mit dem Verb den Platz:

Este barco vai à ilha da Armona.
dieser Schiff (er-)geht zu-die Insel von Armona
Dieses Schiff fährt zur Insel Armona.

Para onde vai este barco?
für wo (er-)geht dieser Schiff
Wohin fährt dieses Schiff?

Fragewörter

woher?, wohin?

Donde vens?
von-wo (du-)kommst
Woher kommst du?

Venho da Áustria.
(ich-)komme von-die Österreich
Ich komme aus Österreich.

Aonde vais?
zu-wo (du-)gehst
Wohin fährst du?

Vou a Lisboa.
(ich-)gehe zu Lissabon
Ich fahre nach Lissabon.

wann?

Quando vais para a praia?
wann (du-)gehst für die Strand
Wann gehst du an den Strand?

Quando *kann ersetzt werden durch* a que horas.

was, womit, warum, wofür, welcher, wie?

O que quer tomar?
das was (er-/sie-)will nehmen
Was möchten Sie trinken?

Quero ...
Ich möchte ...

Com que (coisas) fazes esta sopa?
mit was (Sachen) (du-)machst diese Suppe
Womit machst du diese Suppe?

Für „was?" kann man que *oder* o que *(„das was") sagen.* O que *ist die volkstümlichere Variante. Außerdem gibt es dafür sogar den Ausdruck* o que é que *(„das was ist es, was ...").*

Faço ...
Ich mache ...

Porque não passas em minha casa?
warum nicht (du-)vorbeigehst in meine Haus
Warum kommst du nicht bei mir vorbei?

Porque não tenho tempo.
weil nicht (ich-)habe Zeit
Weil ich keine Zeit habe.

Para que serve esta coisa?
für was (sie-)dient diese Sache
Wozu dient dieses Ding?

Serve para ...
(sie-)dient für
Es dient zu ...

Qual é a sua profissão?
welche (sie-)ist die seine Beruf
Was sind Sie von Beruf?

Como se faz este bolo?
wie sich (es-)macht dieser Kuchen
Wie macht man diesen Kuchen?

Faz-se ...
(es-)macht-sich
Man macht ...

Jetzt haben Sie die Form für „man ..." kennen gelernt. Es handelt sich dabei um das Reflexivpronomen der 3. Person. Vende-se bedeutet also „man verkauft", ist wörtlich jedoch „es verkauft sich".

wer?, wem?, wen?, wessen?

Quem tem uma casa para alugar?
wer (er-/sie-)hat eine Haus für vermieten
Wer hat ein Haus zu vermieten?

É o homem que mora na vivenda azul.
(er-)ist der Mann der (er-)lebt in-die Haus blau
Das ist der Mann, der im blauen Haus wohnt.

A quem pertence este terreno?
zu wer (er-)gehört dieser Grundstück
Wem gehört dieses Land?

Pertence ao senhor da Silva.
(er-)gehört zu-dem Herr da Silva
Es gehört Herrn da Silva.

Quem encontrou ontem?
wer/wen (er-/sie-)traf gestern
Wen haben Sie gestern getroffen?

Encontrei o seu chefe.
(ich-)traf der sein Chef
Ich traf Ihren Chef.

Indirekte Objekte (Frage: wem?) werden mit dem Verhältniswort a *angeschlossen, d. h. ganz gleich ob als Hauptwort oder Fürwort (persönliches oder auch Fragefürwort), und ob in Fragen oder Aussagesätzen. Daher heißt es in den nebenstehenden Sätzen* a quem *bzw.* ao senhor da Silva.

De quem é este barco?
von wer (er-)ist dieser Schiff
Wessen Schiff ist das? / Wem gehört dieses Schiff?

É do rapaz cujo pai tem o restaurante.
(er-)ist von-der Junge dessen Vater (er-)hat der Restaurant
Das ist von dem Jungen, dessen Vater das Restaurant besitzt.

Bejahen, Verneinen & Zweifeln

Hier einige Möglichkeiten, auf Fragen zu antworten.

Es gilt im Portugiesischen als unhöflich, auf eine Frage kurz angebunden nur mit „ja“ oder „nein“ zu antworten. Stattdessen wiederholt man zusätzlich den entsprechenden Aussagesatz.

Sim, eu sei.
Ja, ich weiß.

Não, não sei.
Nein, ich weiß nicht.

O senhor tem carta de conduçao?
der Herr (er-)hat Karte von Führung
Haben Sie einen Führerschein?

Com certeza!
mit Sicherheit
Natürlich!

Vocês saem amanhã ou ficam mais uma noite?
Sie (sie-)abfahren morgen oder (sie-)bleiben mehr eine Nacht
Reisen Sie morgen ab oder bleiben Sie noch eine Nacht?

Ainda não sabemos, talvez fiquemos.
noch nicht (wir-)wissen vielleicht (wir-)blieben
Wir wissen es noch nicht, vielleicht bleiben wir.

certamente	gewiss
com certeza	ganz gewiss
sem dúvida	ohne Zweifel
nunca	nie
nunca mais	nie wieder
de nenhuma maneira	keineswegs
talvez	vielleicht
possivelmente	möglicherweise
quem sabe	wer weiß

Graças a Deus!
Danke zu Gott
Gott sei Dank!

Por fim, a maldita gramática acabou!
für Ende die verfluchte Grammatik (sie-)aufhörte
Endlich ist die verflixte Grammatik zu Ende!

Badende am Felsstrand

Denkmal der Entdeckungen in Lissabon

Die Portugiesen

Portugal ist ein kleines Land. Ungefähr ein Zehntel der Bevölkerung lebt und arbeitet im Ausland. Portugal ist ein Schmelztiegel von Einheimischen, Rückkehrern aus den ehemaligen Kolonien, heimgekehrten Gastarbeitern aus aller Welt, einigen Einwanderern aus Brasilien und vielen niedergelassenen Ausländern.

Offenheit zeichnet das Verhalten vieler Portugiesen aus. Sehr schnell stellen sie persönliche Fragen, die sich in unseren Herkunftsländern nicht ziemen würden. Die Neugier basiert auf Interesse und Anteilnahme. Falls man mehr über die Alltagssituation der Portugiesen wissen möchte, fragt man zurück. Hilfsbereitschaft, wenn jemand z. B. etwas sucht, geht oft so weit, dass die Portugiesen ein Stück oder den ganzen Weg mitgehen.

Viele Verhaltensweisen der Ausländer versteht der Portugiese nicht. Er gibt sich aber deswegen nicht ablehnend. Er toleriert viel mehr, als z. B. in der Schweiz Ausländern zugestanden wird.

Im persönlichen Kontakt zu Portugiesen stößt man aber immer wieder an eine natürliche Grenze, die nur durchschreitbar wird, wenn ein tieferer Bezug entsteht oder gegeben ist; wenn z. B. der Portugiese im Ausland war und Ihre Sprache spricht, oder der Portugiese gleichaltrige Kinder hat, die mit Ihren Kindern spielen.

Portugiesen drücken sich immer höflich aus: o senhor (der Herr), com prazer (mit Vergnügen), sempre às ordens (immer zu Ihrer Verfügung), se quiser (wenn Sie wünschen).

Pünktlichkeit ist nicht gefragt. Um 9 Uhr, wenn die Ämter öffnen, treffen die Angestellten erst langsam ein. Jeder schüttelt jedem die Hand.

Aggressiv reklamieren gilt als unhöflich, auch wenn z. B. bestellte Ware nicht angekommen ist. Paciência, talvez amanhã! (Geduld, vielleicht morgen!).

In den letzten Jahren hat im Zuge der Integration in die EU und der generellen Globalisierungsdynamik eine beachtliche Modernisierung der Gesellschaft stattgefunden. Die Verstädterung schreitet schnell voran. Das Verkehrsaufkommen nahm rapide zu. Die Verschuldung der Bürger hat auch entsprechend zugenommen und erreicht Spitzenwerte im Vergleich mit den übrigen EU-Ländern. Die Schulpflicht wurde massiv ausgeweitet, und immer mehr junge Leute wählen den Weg des Hochschulstudiums, um erfolgreicher ins Arbeitsleben einsteigen zu können.

Dies soll aber nicht darüber hinwegtäuschen, dass Portugal weiterhin großflächige ländliche Räume aufweist, in denen die alten Traditionen weiterleben und eine intakte Natur anzutreffen ist.

Gesten & Handzeichen

In der portugiesischen Sprache nimmt die Körpersprache einen wichtigen Platz ein. Wenn man gut beobachtet, verrät die Körpersprache viel über den Gemütszustand des Gesprächspartners. Gewisse Gesten ersetzen sogar Worte, so z. B. (in ländlichen Gebieten):

- fasst sich ein Portugiese an das Ohrläppchen, spitzt den Mund zu und reißt die Augen auf, wenn er etwas besonders gut findet;
- winkt ein Portugiese mit dem Zeigefinger oder dem kleinen Finger ab, wenn er mit einer Sache nicht einverstanden ist – diese Bewegung kann mit dem Wörtchen crias (glaubtest) begleitet werden;
- streift ein Portugiese abwechselnd mit der einen Hand über die andere, Handinnenfläche nach unten, um auszudrücken, dass eine Sache nichts taugt oder sehr schnell zum eigenen Vorteil erledigt wurde.

Ansprechen & Begrüßen

Mit einem Smartphone können Sie sich die mit einem 𝄢 gekennzeichneten Sätze dieses Kapitels anhören. Scannen Sie einfach den QR-Code mit Hilfe einer kostenlosen App (z. B. „Barcoo" oder „Scanlife").

Die erste Unterhaltung dürfte sich um alltägliche Bedürfnisse drehen. Am besten schaut man zunächst, wie der Nachbar im Restaurant bestellt, und man beobachtet die Leute, wie sie sich untereinander anreden und grüßen, welche ersten Worte sie wechseln. Daraus zieht man den größten Nutzen.

Alle folgenden Beispiele geben einen Rahmen, in dem sich ein erster Wortwechsel bewegen könnte. Der beste Rat, den ich geben kann, ist: zuhören, zuhören, zuhören! Die Menschen in der Nachbarschaft, auf der Straße und in den Cafés sind die vorzüglichsten Lehrer!

Eine veraltete Anrede kommt noch in Schriftstücken vor: **Vossa Excelência** (Ihre Exzellenz). „Seit dem 25. April 1974 sind ja in Portugal alle Leute gleich, und somit braucht es solche veralteten Zöpfe nicht mehr." So erklärte es mir mein Freund Eduardo.

o senhor	der Herr
os senhores	die Herren
a senhora	die Dame
as senhoras	die Damen
Dona Hilda	Frau Hilda
menina	Fräulein *(= Mädchen)*
você	Sie *(unter Bekannten)*
vocês	Sie *(Mz) (unter Bek.)*

Bom dia.	Guten Tag. *(bis Mittag)*
Muito bom dia.	Einen wunderschönen guten Tag.
Boa tarde.	Guten Nachmittag. *(bis Sonnenuntergang)*
Boa noite.	Guten Abend. / Gute Nacht.

Wenn jemand seinen Namen nennt, handelt es sich meistens um den Vornamen. Und die Person wird dann mit z. B. o senhor Jürg oder você angesprochen. Die Regeln sind etwa die gleichen wie in Deutschland. Mit etwas Taktgefühl liegt man nicht daneben.

Ich empfehle, den Vornamen oder den vollständigen Namen zu nennen, wenn man danach gefragt wird.

Como vai?	Wie geht's?
Passou bem?	Geht's gut?
Tudo bem?	Alles gut?
Mais ou menos.	So la la.
Obrigado/a.	Danke.
Tudo bem.	Alles gut.
Olá!	Hallo!
Tchau!	Tschüss!
Adeus!	Auf Wiedersehen!
Saúde!	Gesundheit! *(Niesen)*
Até já!	Bis gleich!
Até logo!	Bis später!
Até depois!	Bis nachher!
Até outra vez!	Bis zum nächsten Mal!
Até segunda!	Bis Montag!
Sempre às ordens!	Immer zu Diensten!
Muito prazer!	Sehr erfreut!

Der Ausdruck für „danke" ist eigentlich ein Adjektiv und bedeutet „verpflichtet". Daher muss ihn die sprechende Person an ihr Geschlecht anpassen. Eine Frau sagt also obrigada. *Und wenn man im Namen einer ganzen Gruppe spricht, kann es auch mal* obrigados *bzw.* obrigadas *heißen.*

Bom dia, o senhor, como vai?
guter Tag der Herr wie (er-)geht
Guten Tag, wie geht es Ihnen? *(zum Mann)*

Mais ou menos.
mehr oder weniger
So la la.

Olá Elsa. Tudo bem?
hallo Elsa alles gut
Hallo Elsa, alles in Ordnung?

Olá Verena, estou cansado, e tu?
hallo Verena (ich-)bin müde und du
Hallo Verena, ich bin müde, und du?

São os meus amigos Frank e Gaby da Suiça.
(sie-)sind die meine Freunde Frank und Gaby von-die Schweiz
Das sind meine Freunde Frank und Gaby aus der Schweiz.

São os meus pais.
(sie-)sind die meine Väter
Das sind meine Eltern.

Portugiesen schütteln sich sehr gerne die Hände bei der Begrüßung.

Muito prazer!
viel Vergnügen
Sehr erfreut!

Muito obrigado. Adeus.
Vielen Dank. Ade.

De nada, sempre às ordens. Adeus.
von nichts immer zu-die Befehle ade
Keine Ursache, immer zu Diensten. Ade.

Das ist meistens ehrlich gemeint und somit keine abgegriffene Floskel. Und mit der folgenden Floskel verabschieden sich Leute, die sich gerade kennen gelernt haben.

Boa noite e muito prazer. Até outra vez.
gute Nacht und viel Vergnügen bis andere Mal
Gute Nacht, sehr erfreut. Bis zum nächsten Mal.

auf sich aufmerksam machen

Portugiesen neigen dazu, ungeduldig zu werden. Wenn sie im Laden z. B. nicht sofort an die Reihe kommen, melden sie sich so:

É a minha vez!
(sie-)ist die meine Mal
Ich bin dran!

Agora sou eu!
jetzt (ich-)bin ich
Jetzt bin ich dran!

um etwas bitten

(Se) faz favor ...
Bitte ...

Por favor ...
Bitte ...

um den Weg frei zu bekommen

Com licença!
Gestatten Sie!

um eine Erklärung zu geben

Vê, ...
Schauen Sie, ...

Sabes, ...
Weißt du, ...

Espera, ...
Moment mal, ...

Posso explicar, ...
Kann ich erklären, ...

jemanden rufen

Ei, menina / rapaz.
He, Mädchen / Junge.

Se faz favor, o senhor!
Bitte, der Herr!

Im Café ist dies zwar üblich, es ist aber dennoch nicht sehr höflich.

Sss, sss (zischen) machen Männer, wenn Frauen vorbeigehen. Also nicht darauf hereinfallen! Allerdings ist es auch üblich, auf diese Art Bekannte zu rufen. In der Bar oder im Café ruft man so Kellner herbei, im Restaurant dagegen sagt man chefe (Kellner).

Bitten, Wünschen & Verlangen

Auch bei schwächeren und stärkeren Bitten und Wünschen kommt es auf die richtige Formulierung an.

Se faz favor, arranje-me ...
Bitte, besorgen / beschaffen Sie mir ...

Por favor, quero ...
Ich möchte bitte ...

É possível trazer ...?
(es-)ist möglich bringen
Kann ich ... haben / bekommen?

Wann auch immer man ein Bedürfnis anmeldet, sollte man die höflichen Formen verwenden. Wenn man seinen Tischnachbarn rufen hört ...

Ó Franco, traz-me o sal!
He Franco, bring mir das Salz!

... kann man annehmen, dass sich beide gut kennen. Man selbst wird wie folgt fragen:

Se faz favor, traz-me o sal.
wenn (er-)macht Gefallen (er-)bringt-mir der Salz
Bringen Sie mir bitte das Salz.

Kleine Unterhaltung

Wenn man in ländlichen Gegenden reist, etwas trinken geht oder übernachten will, wird man oft in kleine Gespräche verwickelt, bei denen die Portugiesen eine ungewohnte Offenheit an den Tag legen.

Qual é a sua nacionalidade?
welche (sie-)ist die seine Nationalität
Welche Nationalität haben Sie?

Sou da Suiça.
(ich-)bin von-die Schweiz
Ich bin aus der Schweiz.

Ah, parlez-vous français?
(ah sprecht-ihr Französisch)
Ah, sprechen Sie Französisch?

Não, sou da parte alemã e só falo um pouco francês.
nein (ich-)bin von-die Teil deutsche und nur (ich-)spreche ein wenig Französisch
Nein, ich bin aus dem deutschen Teil und spreche nur ein bisschen Französisch.

Trabalhei em Genebra dez anos.
(ich-)arbeitete in Genf zehn Jahre
Ich habe zehn Jahre in Genf gearbeitet.

A Suiça é rica.
die Schweiz (sie-)ist reiche
Die Schweiz ist reich.

Sim, é boa para trabalhar e ganhar dinheiro.
ja (sie-)ist gute für arbeiten und verdienen Geld.
Ja, sie ist gut zum Arbeiten und Geldverdienen.

Normalmente o tempo naõ está ótimo.
normalerweise der Wetter nicht (er-)ist allerbestes
Meistens ist das Wetter nicht so toll.

alte Rechtschreibung: óptimo *(der Buchstabe* p *wird, ebenso wie alle anderen durch die Rechtschreibreform gestrichenen Buchstaben, auf keinen Fall mitgesprochen)*

A senhora é a sua esposa?
die Frau (sie-)ist die seine Ehefrau
Ist die Dame Ihre Frau?

Sim, é a minha esposa.
ja (sie-)ist die meine Ehefrau
Ja, das ist meine Frau.

São suas filhas?
(sie-)sind seine Töchter
Sind das Ihre Kinder (Töchter)?

Eu tenho uma filha, que está casada e vive na Alemanha.
ich (ich-)habe eine Tochter die (sie-)ist verheiratet und (sie-)lebt in-die Deutschland
Ich habe eine Tochter, die verheiratet ist und in Deutschland lebt.

Kleine Unterhaltung

Tenho dois netos.
(ich-)habe zwei Enkel
Ich habe zwei Enkel.

Quantos anos têm os netos?
wie-viele Jahre (sie-)haben die Enkel
Wie alt sind die Enkel?

Um tem cinco e o outro tem oito anos.
einer (er-)hat fünf und der andere (er-)hat acht Jahre
Sie sind fünf und acht Jahre alt.

Estão de férias?
(sie-)sind von Ferien
Sind Sie in Urlaub?

Sim, estamos.
ja (wir-)sind
Ja, das sind wir.

Gostam do nosso país?
(sie-)mögen von-der unser Land
Gefällt Ihnen unser Land?

Sim, gostamos muito.
ja (wir-)mögen viel
Ja, es gefällt uns sehr.

Gostamos do sol e da natureza
(wir-)mögen von-der Sonne und von-die Natur
Wir genießen die Sonne und die Natur.

Já estão cá há muito tempo?
schon (sie-)sind hier (es-)hat viel Zeit
Sind Sie schon lange hier?

Faz dois meses.
(es-)macht zwei Monate
Seit zwei Monaten.

Onde vai?
wo (er-/sie-)geht
Wohin gehen Sie?

O quê?
Was?

Para onde vai?
für wo (er-/sie-)geht
Wohin gehen Sie?

Percebe?
(er-/sie-)versteht
Verstehen Sie?

Não percebo bem, por favor, fale mais devagar.
nicht (ich-)verstehe gut durch Gefallen spreche(-er/sie) mehr langsam
Ich verstehe nicht gut, sprechen Sie bitte langsamer.

Vive no hotel?
(er-/sie-)lebt in-der Hotel
Wohnen Sie im Hotel?

Não, temos uma tenda.
nein (wir-)haben eine Zelt
Nein, wir haben ein Zelt.

Estão no parque de campismo?
(sie-)sind in-der Park von Camping
Sind Sie auf dem Campingplatz?

Não, estamos na mata ao lado da aldeia.
nein (wir-)sind in-die Wald zu-der Seite von-die Dorf
Nein, wir sind im Wald neben dem Dorf.

Não tem medo?
nicht (sie-)haben Angst
Haben Sie keine Angst?

Não, ninguém vai lá à noite!
nein niemand (er-/sie-)geht dort zu-die Nacht
Nein, niemand geht da nachts hin!

ein Gespräch über das Wetter

Im Norden von Portugal kommt es auch im Sommer vor, dass morgens Nebel die Sicht behindert. Ungeachtet dessen gehen die Leute an den Strand. So gegen Mittag zeigt sich dann normalerweise die Sonne.

Hoje faz calor.
heute (es-)macht Wärme
Heute ist es heiß.

Sim, faz muito calor.
ja (es-)macht viel Wärme
Ja, es ist sehr heiß.

Falta a água para a terra.
(sie-)fehlt die Wasser für die Erde
Der Boden braucht Wasser.

Choveu pouco este ano?
(es-)regnete wenig dieser Jahr
Hat es dieses Jahr wenig geregnet?

Sim, muito pouco. Tudo está seco.
ja viel wenig alles (es-)ist trocken
Ja, sehr wenig. Alles ist trocken.

Hoje está frio.
heute (es-)ist kalt
Heute ist es kalt.

Sim, está nublado.
ja (es-)ist wolkig
Ja, es ist bewölkt.

Vai chover?
(es-)geht regnen
Wird es regnen?

Parece que não.
(es-)scheint dass nicht
Es scheint nicht so.

Man sieht, der Reisende erzählt. Er bringt Abwechslung in den Alltag. Er kommt von draußen, er weiß Neues zu erzählen. Nur, bis eine Unterhaltung so flüssig abläuft, braucht es einige Übung.

Portugiesen nehmen das Berichtete so, wie es ist. Vormachen muss man nichts. Aber ab und zu ist es einfacher, das zu bestätigen, was halbwegs stimmt, als in unformulierbare Erklärungen zu verfallen.

Unterwegs

Wenn man sich erklären lässt, wo sich ein Laden oder ein Hotel befindet, frage man gleichzeitig nach der Farbe des Hauses! Die versteht man sicher. Und weil viele Häuser in einer anderen Farbe bemalt sind, erhält man einen guten Hinweis.

in der Stadt

Des Öfteren wird man von den Portugiesen ein Stück des Weges begleitet, wenn man etwas sucht. Das ist die sicherste Art, etwas zu finden.

Desculpe, onde fica a estação das camionetas?
entschuldige(-er/-sie) wo (sie-)bleibt die Station von-die Busse
Entschuldigen Sie, wo ist die Haltestelle der Überlandbusse?

Vá sempre em frente e vire à direita e a segunda rua à esquerda.
gehe(-er/-sie) immer in Front und wende(-er/-sie) zu-die rechte und die zweite Straße zu-die linke
Gehen Sie immer geradeaus, dann nach rechts und die zweite Straße links.

Logo na primeira curva fica a (estação) rodoviária.
gleich in-die erste Kurve (sie-)bleibt die (Station) straßenverkehrsmäßige
Gleich in der ersten Kurve liegt der Busbahnhof.

Qual é a cor do prédio?
welche (sie-)ist die Farbe von-der Gebäude
Welche Farbe hat das Gebäude?

É amarelo.
(er-)ist gelb
Es ist gelb.

Farben (*as cores*)

Die Farbwörter sind Eigenschaftswörter und richten sich somit in Zahl und Geschlecht nach dem dazugehörigen Hauptwort.

branco	weiß	**amarelo**	gelb
vermelho	rot	**encarnado**	rot
verde	grün	**azul**	blau
castanho	braun	**cinzento**	grau
preto	schwarz	**louro**	blond
claro	hell	**escuro**	dunkel

Orientierung in der Stadt

estação ferroviária, estação dos comboios	Bahnhof *(Zug)*
estação das camionetas	Bahnhof *(Bus)*

paragem de autocarros	Bushaltestelle
cais dos barcos	Schiffssteg
hotel	Hotel
pensão	Pension
loja	Laden
subida	Aufstieg
descida	Abstieg
escada	Treppe
monumento	Denkmal
passagem	Fußgängerstreifen, Durchgang
prédio	Gebäude
vivenda, **casa**	Haus
árvore	Baum
estrada	Landstraße
rua	Ortsstraße
caminho	Weg
com / sem alcatrão	mit / ohne Teerbelag
travessa	Gasse
avenida	Allee
largo	kleiner öffentlicher Platz
praça (do mercado)	(Markt-)Platz
cruzamento	Kreuzung
semáforo	Verkehrsampel
(reclamo) luminoso	Lichtreklame
à esquerda	links
à direita	rechts
do outro lado	auf der anderen Seite
ao fundo	am Ende *(z. B. einer Straße)*

Unterhaltung

cinema	Kino
discoteca	Disco
banda	Musikkapelle
baile	Tanzveranstaltung
festa	Fest
bombeiro	Feuerwehrmann
rancho folclórico	Volksmusikgruppe
esgotado	ausverkauft
plateia, balcão	Parkett, Balkon
fila	Reihe
central	zentral
mercado, feira	Markt

In vielen Dörfern wird am Samstag ein Tanzabend veranstaltet. Veranstalter können a casa do povo (Volkshaus), os bombeiros (Feuerwehr) oder uma outra sociedade (eine andere Vereinigung) sein.

Tem baile nesta freguesia no sábado?
(es-)hat Tanz in-diese Gemeinde in-der Samstag
Gibt es in dieser Gemeinde am Samstag Tanz?

Solche Feste sind lustig. Viele Mütter begleiten ihre Töchter und bestimmen, wer mit diesen tanzen darf. Ganze Familien kommen oft geschlossen. Je ländlicher die Gegend ist, um so mehr bekommt der Abend den Charakter eines Heiratsmarktes. Die Musik schwankt zwischen altmodisch und modern.

Die Kinos zeigen Filme in der Originalsprache. Außer in den großen Städten wird fast ausschließlich Sex & Crime gezeigt.

Onde é o cinema?
wo (er-)ist der Kino
Wo ist das Kino?

Quero um lugar na fila nove, central.
(ich-)will ein Platz in-die Reihe neun zentral
Ich möchte einen Platz in der 9. Reihe Mitte.

Die alten Lichtspielhäuser sind vom „Kino steril“ noch weit entfernt. Oft gibt es im Ort ein altes Kino, oder ein neues und ein altes.

Die bombeiros („Pumpenleute“, von bomba „Pumpe“) löschen nicht nur Feuer, sie transportieren auch Kranke und Verletzte, veranstalten Ausstellungen und Samariterkurse und organisieren Feste.

mit öffentlichen Verkehrsmitteln

Auf den Flugplätzen ist das Personal auf Englisch eingestellt. Wenn das Personal ein ausländisches Gesicht erkennt, braucht man Hartnäckigkeit und sehr gute Sprachkenntnisse, um sich auf Portugiesisch zu behaupten.

Sobald man aus dem Flughafen heraus ist, helfen die Portugiesisch-Kenntnisse weiter.

avião	Flugzeug
aeroporto	Flugplatz
voo	Flug
chegada	Ankunft
partida	Abflug
carro	Auto
autocarro	Stadtbus
camioneta	Überlandbus
comboio	Zug
elétrico	Straßenbahn
metro	U-Bahn
barco	Schiff
bicicleta	Fahrrad
mota	Motorrad
dar boleia	Autostop
ir a pé	zu Fuß gehen
bilheteira	Fahrkartenschalter
primeira classe	1. Klasse
segunda classe	2. Klasse
suplemento	Aufschlag
fumador	Raucher
não fumador	Nichtraucher
ida e volta	hin und zurück
preço	Preis

alte Rechtschreibung: eléctrico

alte Rechtschreibung: directo

direto	direkt
ocupado	besetzt
reservar	vorbestellen
informação	Information
entrada	Eingang
saída	Ausgang, Abfahrt
partir, sair	abfahren
chegada	Ankunft
chegar	ankommen
parar	anhalten
devagar	langsam
rápido	schnell
mudar	wechseln
atrasado	verspätet
cais	Bahnsteig
paragem	Haltestelle
a próxima / última paragem	die nächste / letzte Haltestelle
o primeiro / último autocarro	der erste / letzte Bus
ligação	Anschluss
casa de banho / sanitária	Toilette, WC
homens	Männer
senhoras	Frauen

A que horas parte o próximo comboio para ...?
zu was Stunden (er-)abfährt der nächste Zug für
Wann fährt der nächste Zug nach ...?

Quero ir para ...
(ich-)will gehen für
Ich möchte nach ...

Quanto custa ida e volta em segunda classe para ...?
wie-viel (er-)kostet hin und zurück in 2. Klasse für
Wie viel kostet eine Rückfahrkarte zweiter Klasse nach ...?

Quero sair na próxima paragem.
(ich-)will aussteigen in-die nächste Haltestelle
Ich möchte an der nächsten Haltestelle aussteigen.

Onde é preciso mudar de autocarro para ...
wo (es-)ist nötig wechseln von Autobus für
Wo muss man zum Bus nach ... umsteigen?

Este autocarro vai para ...
dieser Bus (er-)geht für
Dieser Bus fährt nach ...

Para onde vai?
für wo (er-)geht
Wohin fährt er?

Tem ligação para ...?
(er-)hat Verbindung für
Hat er Anschluss an / nach ...?

Bus

Wenn man mit dem Bus reist, hat man den Vorteil, dass man immer im Zentrum ankommt. Im Gegensatz dazu befinden sich die Bahnhöfe oft außerhalb der Dörfer. Dann muss man den Weg ins Dorf zu Fuß bewältigen oder ein Taxi nehmen (falls vorhanden).

Expressbus Wenn man nicht mit Expressbussen fährt, geht es gemütlich zu. Der Fahrplan ist so eingeteilt, dass halsbrecherische Fahrten ausbleiben. Auf längeren Strecken gibt es oft Stationen, an denen etwas länger angehalten wird und die Zeit für einen Kaffee und einen Snack reicht. Die Busse kurven oft durch die Dörfer, was sehr abwechslungsreich ist.

Taxi Taxifahren ist in Portugal, verglichen mit Deutschland, sehr billig und lohnenswert. Taxen gibt es genügend. Wenn der Fahrer vor der Fahrt einen Pauschalpreis absprechen möchte, nicht darauf hereinfallen! Andernfalls kommt es immer teurer.

Achtung: In neueren Autos befindet sich der Taxameter zum Teil im Handschuhfach. Vor Fahrtbeginn den Kilometerpreis erfragen! So weiß der Fahrer sofort, dass man sich auskennt und nicht gelinkt werden kann.

Não quero um preço fixo.
nicht (ich-)will ein Preis fest
Ich möchte keinen Festpreis.

Wenn das Taxi nicht mit Taxameter ausgerüstet ist, werden die gefahrenen Kilometer mal Kilometerpreis gerechnet.

Quanto custa cada quilómetro?
wie-viel (er-)kostet jeder Kilometer
Wie viel kostet jeder Kilometer?

Zu beachten ist, dass die Preise nachts geringfügig höher sind, und dass man immer für beide Wege zahlen muss, wenn man sich nicht in der Stadt befindet. Dagegen wirkt sich die Zahl der Fahrgäste nicht auf den Fahrpreis aus. Gepäck kostet ab einem gewissen Umfang extra. Handgepäck darf im Taxi unentgeltlich mitgeführt werden.

Die Preisliste klebt auf der Innenseite des Rückfensters auf der Fahrerseite.

Quero ver o cartão com os preços.
(ich-)will sehen der Karte mit die Preise
Ich möchte die Preisliste sehen.

mit dem eigenen Auto

carro	Auto
mota	Motorrad

Onde há uma garagem?
wo (es-)hat eine Garage
Wo gibt es eine Werkstatt?

Não tenho gasolina / gasóleo.
nicht (ich-)habe Benzin / Dieselöl
Ich habe kein Benzin / Diesel.

Posso telefonar?
(ich-)kann telefonieren
Kann ich telefonieren?

Sabe onde é uma garagem?
(er-/sie-)weiß wo (sie-)ist eine Garage
Wissen Sie, wo es eine Werkstatt gibt?

Pode ir buscar o meu carro?
(er-/sie-)kann gehen suchen der mein Wagen
Können Sie meinen Wagen abholen?

Pode mandar um mecânico?
(er-/sie-)kann schicken ein Mechaniker
Können Sie einen Mechaniker schicken?

Não funciona.
nicht (er-)funktioniert
Er funktioniert nicht.

Onde fica uma agência da Ford?
wo (sie-)ist eine Büro von-die Ford
Wo gibt es eine Ford-Servicestelle?

Já está feito o serviço?
schon (er-)ist gemacht der Dienst
Ist die Arbeit (Reparatur) schon fertig?

alte Rechtschreibung: factura *(c nicht mitsprechen)*

Quero uma fatura especificada.
(ich-)will eine Rechnung spezifiziert
Ich möchte eine detaillierte Rechnung.

É grave?
(es-)ist schwer
Ist es schlimm?

Pode reparar / arranjar agora?
(er-/sie-)kann reparieren / arrangieren jetzt
Können Sie es jetzt reparieren / in Ordnung bringen?

Beschauliche Autofahrt

Die Arbeit ist günstig, das Material dagegen teuer. Viel geschweißt, geflickt und wenig ersetzt bzw. ausgetauscht wird nur noch bei „allgemeinen Mechanikern" (mecânico geral). Man sollte darauf achten, dass man die alten Teile möglichst zurückbekommt und zusätzlich die Verpackung der neuen. So hat man Gewähr, dass man wirklich ein neues Teil bekommen hat.

Motorradfahrer versuchen es am besten bei der nächsten motorizada-Werkstatt (für Mopeds). Sie wissen entweder zu helfen (Werkzeug, Kabel, einige Teile) oder kennen sonst den nächstgelegenen Händler, der auch große Bikes repariert (Bike-Händler und Motorradclubs sind im ganzen Land gut vertreten).

	arranque	Anlasser
	escape	Auspuff
	bateria	Batterie
alte Rechtschreibung:	**(os) travões**	Bremsen
eléctrico	**sistema elétrico**	elektrische Anlage
	fio	elektrischer Draht
	travão de mão	Handbremse
	cabo	Kabel
	correia (da ventoinha)	Keilriemen
alte Rechtschreibung:	**embraiagem**	Kupplung
direcção	**direção**	Lenkung
	luz	Licht
	dínamo	Lichtmaschine
	bomba	Pumpe
	(os) pneus	Reifen
	câmara de ar	Schlauch
	boia	Schwimmer
	amortecedor	Stoßdämpfer
	carburador	Vergaser
	velas	Zündkerzen
	ignição	Zündung
	cilindro	Zylinder
	motor	Motor
	remendar	flicken *(Schlauch)*
	ajustar	einstellen
	reparar	reparieren
	renovar	renovieren
	soldar	schweißen, löten
	fazer bem	wieder gutmachen, flicken
	à esquerda	links
	à direita	rechts
	em frente	vorne

Mieten

alugar ...	... mieten
um carro	ein Auto
um quarto	ein Zimmer
um apartamento	eine Wohnung
uma casa	ein Haus
um windsurf	ein Surfbrett

Você aluga windsurf?
Sie (er-/sie-)vermietet Windsurf
Vermieten Sie Surfbretter?

Quanto custa cada hora?
wie-viel (es-)kostet jede Stunde
Wie viel kostet das pro Stunde?

Dez euros.
zehn Euros
10 Euro.

Ei, é muito! Já estamos em outubro.
hey (es-)ist viel schon (wir-)sind in Oktober
Hey, das ist viel! Wir haben schon Oktober.

Penso que neste mês é mais barato.
(ich-)denke dass in-dieser Monat (es-)ist mehr billig
Ich denke, dass es in diesem Monat billiger ist.

É barato e a vida está cara!
(es-)ist billig und die Leben (sie-)ist teuer
Das ist billig, aber das Leben ist teuer!

Olhe, se eu alugar por um mês inteiro, você faz um preço mais baixo?
schaue(-er/-sie) wenn (ich) mieten für ein Monat ganzer Sie (er-/sie-)macht ein Preis mehr niedrig
Sehen Sie, wenn ich es für einen ganzen Monat miete, machen Sie mir einen niedrigeren Preis?

O mês inteiro custa para o senhor 400 euros.
der Monat vollständig (er-)kostet für der Herr 400 Euros
Der ganze Monat kostet Sie 400 Euro.

Faz por 350 euros!
(er-/sie-)macht für 350 Euros
Geben Sie es mir für 350 Euros!

Não posso, 400 euros é o mínimo!
nicht (ich-)kann 400 Euros (es-)ist der Minimum
Das kann ich nicht, 400 ist das Minimum!

Schwimmen & Wandern

Was liegt in Portugal näher als das Meer und zu schwimmen?

passear	wandern
mergulhar	tauchen
pescar	fischen
vento	Wind
temperatura da água	Wassertemperatur
parque de campismo	Camping
piscina	Schwimmbad
tenda	Zelt
nadar	schwimmen
velar	segeln
perigo	Gefahr
ondas	Wellen
acampar	zelten
prancha	Surfbrett
windsurf	Windsurfer
correntes	Strömung
alto mar	hohe See
baixa-mar	Ebbe
preia-mar	Flut

Mit einem Smartphone können Sie sich die mit einem gekennzeichneten Sätze dieses Kapitels anhören.

Nadar aqui é perigoso?
schwimmen hier (es-)ist gefährlich
Ist es gefährlich, hier zu schwimmen?

Achtung: Viele ältere Portugiesen können nicht schwimmen und sind darum auch kaum in der Lage, die Gefahr richtig abzuschätzen.

Tem correntes?
(es-)hat Strömungen
Gibt es Strömungen?

Quanto tempo dura um passeio até aquele monte?
wie-viel Zeit (er-)dauert ein Spaziergang bis jener Berg
Wie lange dauert ein Spaziergang bis zu dem Berg dort?

Tem um caminho para lá?
(es-)hat ein Weg für dort
Gibt es einen Weg dorthin?

Posso acampar aqui?
(ich-)kann zelten hier
Kann ich hier zelten?

Onde mora o dono deste terreno?
wo (er-)wohnt der Besitzer von-dieser Boden
Wo wohnt der Besitzer dieses Grundstücks?

Im Süden Portugals findet man in fast jedem Dorf und oft auch unterwegs öffentliche Wasserhähne.

Tem água? Por favor, posso encher este bidão?
(er-/sie-)hat Wasser durch Gefallen (ich-)kann füllen dieser Behälter
Haben Sie Wasser? Kann ich diesen Behälter auffüllen?

Übernachten

Normalerweise hängt im Zimmer die Preisliste an der Tür. Zuerst schauen und dann nach dem Preis fragen. Im Winter ist es durchaus möglich, dass man einen niedrigeren Preis aushandeln kann. Man sollte aber bedenken, dass beide Seiten mit dem Preis zufrieden sein müssen.

Mit einem Smartphone können Sie sich die mit einem gekennzeichneten Sätze dieses Kapitels anhören.

hotel	Hotel
pensão	Pension
albergue da juventude	Jugendherberge
apartamento	Wohnung
quarto	Zimmer
casa, vivenda	Haus

Procuro um quarto para duas pessoas.
(ich-)suche ein Zimmer für zwei Personen
Ich suche ein Zimmer für zwei Personen.

Não temos.
nicht (wir-)haben
Haben wir nicht.

Temos.
(wir-)haben
Haben wir.

Queremos com casa de banho.
(wir-)wollen mit Zimmer von Bad
Wir möchten eines mit Bad.

Podemos ver o quarto?
(wir-)können sehen der Zimmer
Können wir das Zimmer sehen?

É possível tomar o pequeno almoço neste hotel?
(es-)ist möglich nehmen der kleine Mittagessen in-dieser Hotel
Können wir in diesem Hotel frühstücken?

Gostamos do quarto.
(wir-)mögen von-der Zimmer
Das Zimmer gefällt uns.

Ficamos.
(wir-)bleiben
Wir nehmen es / bleiben.

Fico.
(ich-)bleibe
Ich nehme es / bleibe.

um quarto	Zimmer
com duas camas	mit zwei Betten
cama de casal	französisches Bett
passaporte	Pass
reservar	reservieren
partir, sair	abfahren, abreisen
pagar	zahlen
pequeno almoço	Frühstück
serviço de lavandaria	Wäscheservice
papel higiénico	WC-Papier
mais barato	billiger
mais tranquilo	ruhiger

In kleinen Hotels lohnt es sich, vor dem Weggehen zu fragen, wann bzw. ob nachts geschlossen wird:

A que horas fecha a porta?
zu was Stunden (er-/sie-)schließt die Tür
Um welche Uhrzeit schließen Sie ab?

Tenho frio. Quero mais um cobertor.
(ich-)habe kalt (ich-)will mehr ein Decke
Mir ist kalt. Ich möchte eine zusätzliche Decke.

Strohgedeckte Häuschen auf Madeira

Essen & Trinken

Mit einem Smartphone können Sie sich die mit einem 👂 gekennzeichneten Sätze dieses Kapitels anhören.

Überall in Touristikzentren oder wo das Essen teuer (und oft nicht besser) ist, erhält man eine mehrsprachige Speisekarte. Darum beschäftigen wir uns hier nur mit den einfachen Restaurants, in denen sich mehrheitlich Portugiesen verpflegen. Essen ist so preiswert, dass sich auch viele Portugiesen das Mittagessen im Restaurant leisten können.

Wer sich nicht im Restaurant verpflegt, macht chope-chope oder piquenique.

Frühstück *(o pequeno almoço)*

pão	Brot
margarina	Margarine
manteiga	Butter
marmelada	Quittenkonfitüre
doce	Konfitüre
galão	Milchkaffee *(im Glas)*
bica	kleiner schwarzer Kaffee
chá	Tee
leite	Milch
fresco	kühl
morno	lauwarm
quente	heiß
tosta mista	gemischter Toast
iogurte	Joghurt

Mittag- / Abendessen *(o almoço / o jantar)*

mesa	Tisch
cadeira	Stuhl
carta, ementa	(Speise-)Karte
garfo	Gabel
faca	Messer
colher	Löffel
prato	Teller
copo	Glas
guardanapo	Serviette
palito	Zahnstocher
sal	Salz
azeite	Olivenöl
vinagre	Essig
azeitonas	Oliven
limão	Zitrone
água com / sem gás	Wasser mit / ohne Kohlensäure
fresco	kühl
natural	Zimmertemperatur
vinho ...	... Wein
... verde	„grüner", junger ...
... branco	weißer ...
... tinto	roter ...
um quarto	ein Viertel
meio litro	ein halber Liter
cerveja	Bier
uma caneca de cerveja	großes Bier vom Fass
imperial	kleines Bier vom Fass
sumo	Fruchtsaft

Suppe *(sopa)*

sopa de legumes	Gemüsesuppe
caldo verde	Suppe mit Kohl
sopa de mariscos	Suppe mit Meeresfrüchten
sopa à pescadora	Suppe nach Fischerart
gaspacho	kalte Suppe

Fisch & Meeresfrüchte *(peixe e mariscos)*

amêijoas	Venusmuscheln
camarões	Garnelen
gambas	Scampi
lagostinho	(kleine) Languste
caranguejo	Krebs
atum	Thunfisch
bacalhau	Kabeljau
cavala / linguado	Makrele / Seezunge
sardinhas	Sardinen
choco	Tintenfisch (Sepia)
lula	Kalmar
... com tinta	... mit Tinte
... sem tinta	... ohne Tinte
ovos de peixe	Fischeier (Laich)
caldeirada de peixe	Fischeintopf
peixes cozidos	Fische gekocht (Eintopf)
lulas recheadas	Tintenfische gefüllt

Fleisch (*carne*)

vitela	Kalb
boi	Ochse
vaca	Kuh
porco	Schwein
leitão	Spanferkel
borrego	Lamm
carneiro	Hammel
cabrito, cabra	Zicklein, Ziege
bife	Steak
costeleta	Kotelett
febra	Schweineschnitzel
fígado	Leber
tripa	Kaldaunen
rins	Nieren
língua	Zunge
salsicha	Würstchen
chouriço	Hartwurst
coelho	Kaninchen
frango	Hähnchen, Huhn
pato	Ente
ganso	Gans
peru	Truthahn
pombo	Taube
codorniz	Wachtel
mal / bem passado	nicht / gut gebraten
cozido à portuguesa	Kochfleisch nach portugiesischer Art
feijoada	Bohnentopf mit Fleisch

Zubereitung *(maneira)*

passado no pão ralado	paniert
no forno	im Ofen gebacken
frito	frittiert
grelhado	gegrillt
assado	gebraten
cozido	gekocht
estufado	gedämpft

Beilagen *(suplementos)*

massa	Teigwaren, Nudeln
esparguetes	Spaghetti
arroz	Reis
grão-de-bico	Kichererbse
favas	Saubohnen
batatas cozidas	gekochte Kartoffeln
batatas fritas	Pommes Frites

Gemüse *(legumes)*

Legumes (Gemüse) bzw. verduras (Blattgemüse) gibt es leider eher selten. Fragen Sie dennoch, wenn Sie nicht darauf verzichten wollen:

Há verduras?
(es-)hat Gemüse
Gibt es (Blatt-)Gemüse?

Quero verduras estufadas, por favor.
(ich-)will Gemüse gedämpfte durch Gefallen
Ich möchte bitte gedämpftes Gemüse.

salada (mista)	(gemischter) Salat
alface	Kopfsalat
tomate	Tomate
pepino	Gurke
cenoura	Mohrrübe

Obst (*fruta*)

maçã	Apfel
banana	Banane
pêra	Birne
morangos	Erdbeeren
cerejas	Kirschen
melão	Melone
laranja	Orange
pêssego	Pfirsich
melancia	Wassermelone

Nachspeisen (*sobremesa*)

bolo de ...	...-Kuchen
torta de ...	...-Torte
gelado de ...	...-Eis
molotof	Süßspeise aus Eiweiß
creme de leite	Milchcreme
mousse de chocolate	Schokoladencreme
com nata	mit Sahne

com nata *(mit Sahne) ist Nachtisch nur selten erhältlich.*

an der Bar (*ao bar*)

aguardente	Schnaps
brandy	Brandy, Weinbrand
bagaceira	Traubenschnaps

figo	Feigenschnaps
medronho	Schnaps vom Erdbeerbaum
vinho de porto	Portwein

Die Portugiesen wechseln sich im Zahlen ab, wenn sie zusammen etwas trinken gehen.

Por favor, quero pagar.
durch Gefallen (ich-)will zahlen
Ich möchte bezahlen, bitte.

Wenn mehrere Leute zusammen gegessen haben, fragt der Kellner:

Tudo junto?
Alles zusammen?

Sim, tudo junto.
Ja, alles zusammen.

Speziell in Cafés und Bars ist es unüblich, dass jeder Kleingeld hervorkramt und seinen Kaffee bezahlt oder gar jeder einen Schein dafür verwendet.

Man kann eine Rechnung mit Posten verlangen, wenn man glaubt, dass der Gesamtpreis zu hoch ist. Aber auch dabei freundlich bleiben!

alte Rechtschreibung: factura

Quero uma fatura detalhada.
(ich-)will eine Rechnung e
Ich möchte eine genaue Rechnung.

Este preço não é o mesmo da carta!
dieser Preis nicht (er-)ist der gleiche von-die Karte
Das ist nicht der Preis, der auf der Karte steht!

Quanto custa cada galão?
wie-viel (er-)kostet jeder Milchkaffee
Wie viel kostet jeder Milchkaffee?

Penso que tudo custa só ... euros.
(ich-)denke dass alles (es-)kostet nur ... Euros
Ich denke, dass alles nur ... Euros kostet.

Merke: Nicht nur reklamieren! Auch an das Trinkgeld (gorjeta) *denken!*

In der Bar können Sie die Einzelpreise erfragen und nachrechnen. Oft ist ein Preisschild mit den wichtigsten Preisen der gängigen Getränke und Zwischenmahlzeiten aufgehängt.

Portugals legendäre Süßweine

Toilette & Co.

Der Ausdruck casa de banho (Badezimmer) wird auch für das WC benutzt.

Onde posso lavar as mãos?
wo (ich-)kann waschen die Hände
Wo kann ich mir die Hände waschen?

Onde é a casa de banho?
wo (sie-)ist die Haus von Bad
Wo ist das Badezimmer?

Falta o papel higiénico.
(es-)fehlt der Papier hygienisch
Es fehlt Toilettenpapier.

Bahnhof von Pinhão im Herzen des Portweingebiets

Einkaufen

Portugiesen sind meistens treue Kunden. Wenn man länger am gleichen Ort einkauft und dann zur Konkurrenz wechselt, heißt das für den Händler, dass man nicht zufrieden war. Das gilt für Marktstände, Lebensmittelgeschäfte, Bars und andere kleinere Geschäfte, in denen man sich täglich aufhält.

Die Preise sind eigentlich immer fest. Ab und zu werden sie für Touristen überhöht, besonders wenn die fremden Kunden kein Portugiesisch beherrschen. In Tourismuszentren (sprich: Touristenfallen) bezahlt man für die gleiche Sache ohnehin mehr. Handeln ist mühsam. Die Portugiesen gehen davon aus, dass man ja sowieso einkauft und sehen darum auch keinen Grund, mit dem Preis nachzugeben. Auch eine größere Bestellung ändert daran oft nichts. Nur gut bekannte Kunden schaffen es, Rabatt zu bekommen.

Mit einem Smartphone können Sie sich die mit einem 👂 gekennzeichneten Sätze dieses Kapitels anhören.

É mais barato se comprar uma dúzia?
(es-)ist mehr billig wenn kaufen eine Dutzend
Wird es billiger, wenn ich ein Dutzend kaufe?

Diga-me o preço mais baixo se eu comprar três peças.
sage(-er/-sie) mir der Preis mehr niedrig wenn ich kaufen drei Stücke
Sagen Sie mir den niedrigsten Preis für drei Stück!

Einkaufen

Ein großes Einkaufszentrum mit verschiedenen Geschäften heißt centro comercial, *ein großer Hauptanbieter in einem Einkaufszentrum heißt* grande superfície.

loja	Geschäft
mercado	Markt(platz)
feira	Markt
farmácia	Apotheke
padaria / padeiro	Bäckerei / Bäcker
livraria	Buchhandlung
drogaria	Haushaltswaren und Werkzeug
pastelaria, confeitaria	Konditorei
talho / talhante	Metzgerei / Metzger
oculista	Optiker
a casa de artigos de desporto	Sportgeschäft
armazém	Warenhaus
quiosque	Kiosk

madeira	Holz
cobre	Kupfer
ouro	Gold
prata	Silber
metal	Metall
cabedal	(feines) Leder

aberto	offen
encerrado	geschlossen
saldos	Ausverkauf
promoção	Sonderangebot
caixa	Schachtel
saco	Einkaufsbeutel, Sack

esgotado	ausverkauft
encomendar	bestellen
gastar	ausgeben *(Geld)*
ajudar	helfen
mostrar	zeigen
pequeno	klein
menor	kleiner
grande	groß
maior	größer
menos	weniger
mais	mehr
outra cor	andere Farbe
lã	Wolle
algodão	Baumwolle
seda	Seide

A que horas abre / fecha a loja?
zu was Stunden (sie-)öffnet / schließt die Geschäft
Wann öffnet / schließt das Geschäft?

Verkaufsgespräch

Bom dia.
guter Tag
Guten Tag.

Quero um quilo de maçãs.
(ich-)will ein Kilo von Äpfeln
Ich möchte ein Kilo Äpfel.

Tem um saco?
(er-/sie-)hat ein Sack
Haben Sie eine Einkaufstasche?

Sim tenho, pode pôr neste saco.
ja (ich-)habe (er-/sie-)kann legen in-dieser Sack
Ja, habe ich, Sie können es in diese Tasche legen.

Ah, sabe falar bem português.
ah (er-/sie-)weiß sprechen gut Portugiesisch
Oh, Sie sprechen gut Portugiesisch.

Quer mais alguma coisa?
(er-/sie-)will mehr irgendeine Sache
Möchten Sie sonst noch etwas?

Quero meio quilo de cenouras.
(ich-)will halber Kilo von Karotten
Ich möchte ein halbes Kilo Karotten.

Que mais?
was mehr
Was noch?

Mais nada.
mehr nichts
Sonst nichts mehr.

Ora, um euro e meio mais meio euro são dois euros.
nun ein Euros und halber mehr halber Euro (sie-)sind zwei Euros
Gut, eineinhalb Euro und einen halben Euro, das macht zwei Euro.

Não tem cinco euros?
nicht (er-/sie-)hat 5 Euros
Haben Sie nicht 5 Euro?

Tenho. Aqui está.
(ich-)habe hier (es-)ist
Habe ich. Hier bitte.

Com trez faz cinco.
mit drei (es-)macht fünf
Und 3 macht 5.

Boa viagem. Adeus.
gute Reise ade
Gute Reise. Ade.

In den kleinen Geschäften mangelt es oft an Kleingeld. Daher fragen die Verkäufer und Kellner um so viele Münzen nach, dass sie Noten herausgeben können.

Wer das Gefühl hat, übers Ohr gehauen worden zu sein, regt sich besser nicht auf. Geschickt fragen führt weiter:

A conta não está correta. Falta o leite!
die Rechnung nicht (sie-)ist korrekt (er-)fehlt der Milch
Die Rechnung stimmt nicht. Die Milch fehlt!

alte Rechtschreibung: correcta

Auch zum Vorteil des Kunden verrechnen sich die Händler ab und zu. Und warum sollte man einen kleinen Händler um eine Milch betrügen! Je mehr ein Geschäft auf Touristen eingestellt ist, desto so leichter fällt es dem Personal, die Kunden zu begaunern.

Wenn man regelmäßig z. B. den Kilopreis erfragt, wissen auch die dreisteren Händler sofort, dass man mitrechnet.

Bei der Polizei

Wenn man bestohlen worden ist und den Schaden bei einer Versicherung melden muss, führt der Weg nicht an der Polizei vorbei, denn ohne eine Anzeige auch keine Schadensregulierung!

Onde fica / é a policia?
Wo befindet sich / ist die Polizeiwache?

Jetzt wird es kompliziert. Am besten finden Sie jemanden, der Ihre Sprache spricht und sich hilfsbereit zeigt. So etwa könnte es auf Portugiesisch ablaufen:

Alguém me roubou ...
jemand mir (er-/sie-)raubte
Jemand hat mir ... gestohlen.

Quero fazer queixa.
(ich-)will machen Anzeige
Ich möchte Anzeige erstatten.

Sabe quem foi a pessoa?
(er-/sie-)weiß wer (sie-)war die Person
Wissen Sie, wer die Person war?

Não faço ideia.
nicht (ich-)mache Idee
Ich habe keine Ahnung.

Estava a passear e o ladrão tirou-me a bolsa.
(ich-)war zu spazieren und der Dieb (er-)entriss-mir die Tasche
Ich ging spazieren und der Dieb hat mir die Tasche weggerissen.

Voltei para o carro e faltavam as minhas coisas.
(ich-)umkehrte für der Auto und (sie-)fehlten die meine Sachen
Ich bin zum Auto zurückgegangen und meine Sachen waren weg.

Preciso de uma cópia da queixa para a companhia de seguros.
(ich-)brauche von eine Kopie von-die Anzeige für die Gesellschaft von Versicherungen
Ich brauche eine Kopie der Anzeige für meine Versicherung.

Posso telefonar para a embaixada?
(ich-)kann telefonieren für die Botschaft
Kann ich die Botschaft anrufen?

Tudo o meu dinheiro foi roubado.
alles der mein Geld (er-)war gestohlen
Mein ganzes Geld wurde gestohlen.

Spätestens jetzt ist es an der Zeit, sich ein Taschenwörterbuch zu beschaffen, damit die Schadensanzeige vollständig wird.

Die Notrufnummer (número nacional de socorro) ist 112 (gebührenfreier Anruf). GNR bedeutet Guarda Nacional Republicana und ist die Staatspolizei (Gendarmerie). Sie ist über-all dort im Einsatz, wo es keine städtische Polizei gibt. Diese heißt Policia de Segurança Pública und wird PSP abgekürzt.

Um homem violou-me e roubou-me o dinheiro.
ein Mann (er-)vergewaltigte-mich
und (er-)raubte-mir der Geld
Ein Mann hat mich vergewaltigt
und mein Geld gestohlen.

Auf der Post

Auf der Post, abgekürzt CTT, kann man auch telefonieren.

CTT (*Abkürzung für* Correios, Telégrafos e Telefones)	Post
selos postais	Briefmarken
carta	Brief
encomenda	Paket
postal	Postkarte
alfândega	Zoll
expresso	Express
registado	eingeschrieben
chamada pessoal	Anruf mit Voranmeldung

chamada paga	Gebühr bezahlt Empfänger
por avião	per Luftpost
posta restante	postlagernd
telegrama	Telegramm
telefone	Telefon
ligar	verbinden
cortar	unterbrechen
cartão de telefone	Telefonkarte
telemóvel	Mobiltelefon
cartão pré-pago	Prepaid-Karte
carregar	aufladen

Encomendas *sind internationale Normkartons für Päckchen.*

Onde há uma estação dos correios?
wo (es-)hat eine Station von-die Post
Wo gibt es ein Postamt?

A que horas abre / fecha o correio?
zu was Stunden (er-)öffnet / (er-)schließt der Post
Um welche Uhrzeit öffnet / schließt die Post?

Quero mandar uma encomenda para Alemanha.
(ich-)will schicken eine Paket für Deutschland
Ich möchte ein Paket nach Deutschland schicken.

Tem caixas para encomendas?
(er-/sie-)hat Schachteln für Pakete
Haben Sie Schachteln für Pakete?

Esta carta vai de correio azul / vai registada.
diese Brief (sie-)geht von Post blau / (sie-)geht eingeschriebene
Diesen Brief bitte per Express (mit Priority) / eingeschrieben.

Onde é a secção da posta restante?
wo (sie-)ist die Abteilung von-die Post bleibend
Wo ist der Schalter für postlagernde Sendungen?

Há correio para mim?
(es-)hat Post für mich
Haben Sie Post für mich?

Quero mandar este telegrama para ...
(ich-)will schicken dieser Telegramm für ...
Ich möchte dieses Telegramm nach ... schicken.

Posso telefonar, por favor?
(ich-)kann telefonieren durch Gefallen
Kann ich bitte telefonieren?

Para onde?
für wo
Wohin?

Para Áustria.
für Österreich
Nach Österreich.

In der Bank

Onde há um banco?
wo (es-)hat ein Bank
Wo gibt es eine Bank?

Quero cambiar.
(ich-)will wechseln
Ich möchte Geld umtauschen.

Quantos euros dão cem francos suiços?
wie-viele Euros (sie-)geben 100 Schweizer Franken
Wie viel Euro bekomme ich für hundert Schweizer Franken?

euro	Euro
franco suíço	Schweizer Franken
cheque bancário	Bankscheck
cheque de viagem	Reisescheck
cartão de crédito	Kreditkarte
transação	Überweisung
cambiar	wechseln
levantar	abheben
depositar	einzahlen

alte Rechtschreibung: transacção

O meu banco na Alemanha chama-se ...
der mein Bank in-die Deutschland (er-)ruft-sich
Meine Bank in Deutschland heißt ...

Mandou-me ... euros por telefax.
(er-)schickte-mir ... Euros durch Telefax
Mir wurden ... Euro per Fax überwiesen.

Já chegou?
schon (es-)ankam
Sind sie schon angekommen?

Geldautomaten heißen auf Portugiesisch multibanco *(eigentlich eine Handelsmarke, wird aber generisch gebraucht) oder* caixa automática *und sind weit verbreitet.*

Já estou à espera há oito dias.
schon (ich-)bin zu-die Warten (es-)hat acht Tage
Ich warte schon seit acht Tagen.

Por favor, mande um telefax para o meu banco.
durch Gefallen schicke(-er/-sie) ein Fax für der mein Bank
Schicken Sie bitte ein Fax an meine Bank.

Korkeichenhain

Internet

Natürlich haben auch in Portugal die modernen elektronischen Medien die gesamte Kommunikation revolutioniert. WLAN (Wi-Fi) ist in Hotels, Cafés und Restaurants mittlerweile weit verbreitet.

ligação à Internet	Internetverbindung
computador	Computer
tablet	Tablet
wifi	WLAN
senha	Zugangscode
password	Password
correio eletrónico	E-Mail
arroba	@-Zeichen

alte Rechtschreibung: electrónico

Qual é a senha para aceder à Internet?
welche (sie-)ist die Codewort für zugreifen zu-die Internet
Was ist das Password für den Internetzugang?

Não consigo entrar na Internet. Solicito a sua ajuda, faz favor.
nicht (ich-)schaffe eintreten in-die Internet (ich-)ersuche die seine/ihre Hilfe (er-/sie-)tut Gefallen
Ich komme nicht ins Internet. Ich bitte Sie um Ihre Hilfe.

Qual é o endereço do seu e-mail?
welcher (er-)ist der Adresse von-der sein/ihr E-Mail
Wie lautet Ihre E-Mail-Adresse?

Krank sein

Alles darf man im Ausland, nur nicht krank werden! Wenn doch, fehlt es oft am notwendigen Wissen und am Wortschatz. Äußerliche Leiden sind schnell gezeigt und brauchen keine Erklärungen. Innere Schmerzen zu beschreiben bereitet dagegen Schwierigkeiten.

Sabe falar inglês?
(er-/sie-)weiß sprechen Englisch
Sprechen Sie Englisch?

Man antwortet mit yes – und das ganze Verständigungsproblem ist immer noch nicht gelöst, sondern nur von der einen Sprache in die andere verlegt worden. So wurde meine Nierenkolik zuerst als Blinddarm, später als Darmgrippe, und dann schließlich richtig diagnostiziert ...

Wenn man akut krank ist, meldet man sich im nächsten Krankenhaus (hospital) oder Gesundheitszentrum (centro de saúde). Bei kleineren Leiden fragt man am besten in der Apotheke, ob sie etwas Passendes haben.

Noch besser ist es, wenn man schon den Namen des Medikaments kennt, das man benötigt und kaufen möchte. Auch rezeptpflichtige Medikamente werden an Ausländer oft frei ausgegeben. Da ist aber Vorsicht geboten!

der Körper *(o corpo)*

Dói-me ...
(es-)schmerzt-mich
... tut mir weh.

braço	Arm
olho	Auge
perna	Bein
apêndice	Blinddarm
sangue	Blut
tórax	Brustkorb
intestinos	Darm
cotovelo	Ellenbogen
calcanhar	Ferse
dedo	Finger
pé	Fuß
vesícula biliar	Gallenblase
articulação	Gelenk
rosto	Gesicht
cabelo	Haare
pescoço	Hals
mão	Hand
pulso	Handgelenk
bexiga	Harnblase
pele	Haut
coração	Herz
anca	Hüfte
maxilar	Kiefer
queixo	Kinn
joelho	Knie
rótula	Kniescheibe
osso	Knochen

cabeça	Kopf
fígado	Leber
lábio	Lippe
pulmão	Lunge
estômago	Magen
amígdalas	Mandeln
boca	Mund
músculo	Muskel
nariz	Nase
orelha	Ohr
garganta	Rachen
costela	Rippe
ombro	Schulter
tendão	Sehne
urina	Urin
coluna vertebral	Wirbelsäule
língua	Zunge

die Krankheit *(a doença)*

acidente	Unfall
o / a doente	Kranker / Kranke
Dói-me aqui.	Hier tut es mir weh.
a dor	der Schmerz
partido	gebrochen
constipação	Schnupfen
febre	Fieber
infetado	entzündet
Tenho tonturas.	Mir ist schwindelig.
diarreia	Durchfall
cãibras	Krämpfe

alte Rechtschreibung: infectado

sentir mal	sich schlecht fühlen
Não me sinto bem.	Ich fühle mich nicht gut.
torcido	verstaucht
rasgado	gerissen
distensão	Zerrung
picada de inseto	Insektenstich
corte	Schnitt
inchaço	Schwellung
grávida	schwanger
diabético	Diabetiker
ferida	Verletzung
grave	schlimm
Vomitei.	Ich übergab mich.
insolação	Sonnenstich
queimadura do sol	Sonnenbrand

alte Rechtschreibung: insecto

Behandlung (*tratamento*)

tomar medicamentos	Medikamente einnehmen
dar uma injeção	eine Spritze geben
radiografia	Röntgenaufnahme
anestesia	Betäubung
operação	Operation
gesso	Gips
externo	äußerlich
interno	innerlich

alte Rechtschreibung: injecção

Medikamente (*medicamentos*)

receitar	verordnen
dose	Dosis, Menge
pomada	Salbe
comprimidos	Tabletten
engolir	schlucken
pastilhas	Pastillen
mastigar	kauen
chupar	lutschen
supositórios	Zäpfchen
antes da refeição	vor dem Essen
depois ...	nach ...
de manhã	morgens
à noite	abends
três vezes ao dia	dreimal am Tag
colher de chá	Teelöffel
colher de sopa	Suppenlöffel
com um copo de água	mit einem Glas Wasser
injetar	spritzen

alte Rechtschreibung: injectar

die Zähne (*os dentes*)

dor de dentes	Zahnschmerzen
Este dente dói-me.	Dieser Zahn tut mir weh.
temporariamente	zeitweilig
provisório	vorläufig
definitivo	endgültig
não tirar / arrancar	nicht ziehen

tratamento com anestesia	Behandlung mit Betäubung
chumbar	plombieren
amálgama	Amalgam
ouro	Gold

Optiker *(oculista)*

óculos	Brille
lentes	Gläser
lentes de contato	Kontaktlinsen
fumadas	getönt
alcance da vista	Sehschärfe
corrigido	korrigiert
corrigir	korrigieren

alte Rechtschreibung: contacto

Sabe onde há um médico?
(er-/sie-)weiß wo (es-)hat ein Arzt
Wissen Sie, wo es einen Arzt gibt?

Pode acompanhar-me ao hospital?
(er-/sie-)kann begleiten-mich zu-der Hospital
Können Sie mich zum Krankenhaus begleiten?

Posso deitar-me?
(ich-)kann hinlegen-mich
Kann ich mich hinlegen?

Tem um médico que fale alemão?
(es-)hat ein Arzt der (er-)spreche Deutsch
Gibt es einen Arzt, der Deutsch spricht?

Onde dói?
wo (es-)schmerzt
Wo tut es weh?

Dói-me a barriga.
(sie-)schmerzt-mich die Bauch
Der Bauch tut mir weh.

O meu amigo teve um acidente.
der mein Freund (er-)hatte ein Unfall
Mein Freund hatte einen Unfall.

Pode chamar um médico / uma ambulância?
(er-/sie-)kann rufen ein Arzt / eine Ambulanz
Können Sie einen Arzt / Krankenwagen rufen?

Telefone à embaixada do meu país, por favor.
telefoniere(-er/-sie) zu-die Botschaft von-der mein Land durch Gefallen
Rufen Sie bitte meine Botschaft an.

Preciso de ajuda.
(ich-)brauche von Hilfe
Ich brauche Hilfe.

alte Rechtschreibung: factura

Arranje-me uma fatura, especificando a doença, para eu mandar para o meu seguro na Alemanha.
beschaffe(-er/-sie)-mir eine Rechnung spezifizierend die Krankheit für ich senden für der mein Versicherung in-die Deutschland
Bitte geben Sie mir eine detaillierte Rechnung für meine Versicherung in Deutschland.

Falls Sie eine Versicherung haben, die Ihre Kosten ersetzt, verlangen Sie eine detaillierte Rechnung.

Sich verabreden, Eingeladen sein

Sind Sie alleinreisend? Als Alleinreisender kann es einem öfter passieren, dass man (z. B. auf dem Campingplatz) zum Mitessen eingeladen wird.

Queres comer com a gente?
(du-)willst essen mit die Leute
Willst du mit uns essen?

A gente *(die Leute) ist ein volkstümlicher Ausdruck für die 1. Person Mz. und ersetzt somit das Pronomen* nós.

Portugiesen schlagen das erste Angebot oft aus:

Não obrigado, não quero incomodar.
nein danke nicht (ich-)will stören
Nein danke, ich möchte nicht stören.

Jetzt wird noch einmal gefragt:

Podes, não vais incomodar.
(du-)kannst nicht (du-)gehst stören
Du kannst ruhig, du störst nicht.

Vou, com muito prazer, obrigado.
(ich-)gehe mit viel Vergnügen danke
Dann sehr gerne, danke.

A comida foi muito boa.
die Essen (sie-)war sehr gute
Das Essen war sehr gut.

Mit einem Smartphone können Sie sich die mit einem gekennzeichneten Sätze dieses Kapitels anhören.

Kurz bevor man platzt, erinnere man sich an diesen Satz:

Não quero mais, já tenho a barriga cheia!
nicht (ich-)will mehr schon (ich-)habe die Bauch volle
Ich möchte nichts mehr, mein Bauch ist voll!

In ländlichen Gegenden besitzen Portugiesen einen ausgeprägten Familienstolz und zeigen Gäste gern herum, was oft mit dem Trinken von aguardente (Schnaps) einhergeht. Wenn Portugiesen sich erkenntlich zeigen möchten, machen sie den Kindern des Gastgebers ein Geschenk oder leisten einen kleinen Betrag für die Aussteuer der älteren Tochter. In manchen Regionen heiraten die Mädchen oft noch immer sehr jung und beginnen entsprechend früh, auf die Aussteuer hin zu arbeiten.

Blumen sind als Gastgeschenk nicht üblich. Wenn man Pech hat, wählt man Blumen aus, die ausschließlich als Schmuck für die Gräber benutzt werden. Süßigkeiten eignen sich eher als Mitbringsel.

Vens amanhã à minha casa?
(du-)kommst morgen zu-die meine Haus
Kommst du morgen zu mir?

A que horas?
zu was Stunden
Um wie viel Uhr?

À hora do almoço / jantar.
zu-die Stunde von-der Mittagessen / Abendessen
Zum Mittagessen / Abendessen.

Vamo-nos encontrar esta tarde.
(wir-)gehen-uns treffen diese Nachmittag
Wir werden uns heute Nachmittag treffen.

Onde?
Wo?

Às seis horas no Restaurante Piripiri.
zu-die sechs Stunden in-der Restaurant Piripiri
Um sechs Uhr im Restaurant Piripiri.

Hoje não temos tempo.
heute nicht (wir-)haben Zeit
Heute haben wir keine Zeit.

Pode ser outro dia?
(es-)kann sein anderer Tag
Kann es auch an einem anderen Tag sein?

Passas lá em minha casa?
(du-)vorbeigehst dort in meine Haus
Kommst du bei mir zu Hause vorbei?

Beschimpfungen

Portugiesen regen sich gerne auf, tragen aber selten etwas nach. Beschimpfungen kommen vor, sind aber nie so bissig wie z. B. in Deutschland oder der Schweiz.

Chatice!	Scheiße!
Porco!	Schwein!
Desgraçado!	Unglücklicher!
Malandro!	Strolch!, Gauner!

Wenn jemand hinter Ihnen chatice *sagt, fragen Sie:*

O que é?
Was ist?

Porque estás zangado / aborrecido?
warum (du-)bist streitsüchtig / verärgert
Warum bist du so streitsüchtig / wütend?

Não foi culpa minha.
nicht (es-)war meine Schuld
Es war nicht meine Schuld.

É culpa dele / dela.
(es-)ist Schuld von-er / von-sie
Es ist seine / ihre Schuld.

Olha, foi sem querer.
schau (es-)war ohne wollen
Das war keine Absicht.
(wenn man Schuld hat)

Lamento muito.
(ich-)bedaure viel
Es tut mir sehr Leid.

Brasilianisch – Portugiesisch

Das portugiesische Fernsehen strahlt regelmäßig brasilianische Serien aus. Die meisten Wörter decken sich, aber die Aussprache des brasilianischen Portugiesisch ist viel weicher. Die unbetonten Vokale werden klarer ausgesprochen, sind also nicht so abgeschwächt. Im Folgenden die wichtigsten Unterschiede:

Aussprache

- **-e** *(unbetont)* wird zu -i *(voll ausgesprochen)*
- **-te** wird zu -tschi
- **-de** wird zu -dschi

Aussprache in ...	Portugal	Brasilien
contente zufrieden	kõntẽnte	kõũtẽĩtschi
Bom dia! guten Tag	bõ dia	bõũ dschia
Boa tarde! guten Abend	boa tarde	boa tardschi
ele er	eele	eeli

Anrede

In Brasilien ersetzt você die „du"-Form. Você gilt demnach für „du" und „Sie". Die „ihr"-Form ist völlig verschwunden und durch vocês ersetzt.

Entsprechend vereinfacht sich die Beugung der Verben, z. B.:

comer	essen
eu como	ich esse
você come,	du isst, Sie *(Ez)* essen,
ele / ela come	er / sie isst
nós comemos	wir essen
vocês comem,	ihr esst / Sie *(Mz)* essen,
eles / elas comem	sie essen

Maurisches Erbe in Portugal und Brasilien: Azulejos

Wörterliste Deutsch – Portugiesisch

Elevador de Santa Justa, Lissabon

Die Wörterlisten enthalten einen Grundwortschatz von ca. 1000 Wörtern. Vokabular, das man leicht in den einzelnen Kapiteln nachschlagen kann (z. B. in Tabellen), ist hier nicht immer aufgeführt. Nach Hauptwörtern, die nicht auf -o *oder* -a *enden, ist das grammatische Geschlecht mitangegeben (m / w).*

A

abbiegen virar
Abend tarde *w*
Abendessen jantar *m*
abends de noite
aber mas, porém
abhängen depender
ablehnen recusar
Abreise partida
abreisen partir (para)
abschleppen rebocar
Absender remetente *m*
Achtung atenção *w*
Adresse endereço
ähnlich semelhante
alle todos
allein sozinho
alles tudo
allgemein geral
als (Vergl.) que; **(zeitl.)** quando
also então
alt velho
Alter idade *w*
Ameise formiga
Ampel semáforo
Amt repartição *w*
anbieten oferecer
Andenken lembrança
anderer outro
ändern mudar
Anfang início
anfangen começar
Angebot oferta
angenehm agradável
Angestellter empregado
Angst medo
anhalten parar
ankommen chegar
Ankunft chegada
annehmen aceitar
anprobieren provar
Anruf chamada
anrufen telefonar
anschalten ligar
anschauen olhar
Anschluss ligação *w*
Ansichtskarte postal *m*
anstatt em vez de
anstrengend fatigante
Antwort resposta
antworten responder
Anwalt advogado
Anzeige denúncia
anziehen (Kleidung) vestir; **(Schuhe)** calçar
anzünden acender
Apfel maçã *w*
Apotheke farmácia
Arbeit trabalho

arbeiten trabalhar
Arbeiter trabalhador *m*
arbeitslos desempregado
arm pobre
Arm braço
Ärmel manga
Art (Sorte) género; **(Weise)** maneira
Arznei remédio
Arzt médico
Asche cinza
atmen respirar
auch também
aufhören deixar de
aufstehen levantar-se
Auge olho
Augenblick momento
Ausflug excursão *w*
ausfüllen preencher
Ausgang saída
ausgeben gastar
Auskunft informação *w*
Ausland; Ausländer estrangeiro
ausschalten desligar, apagar
außen fora
äußerlich exterior
Aussicht vista
Aussprache pronúncia
aussteigen apear-se
Ausstellung exposição *w*
Auswahl escolha
ausziehen (Kleidung) despir, tirar
Auto carro
Autobahn autoestrada

B

Baby bebé *m*
Bach ribeiro
backen cozer
Bad banho
Badehose calção de banho *m*
baden tomar banho
Bahnhof estação *w*
bald em breve
Ball bola
Bank banco
bar em dinheiro
Bart barba
Batterie pilha
Bauch barriga, ventre *m*
bauen construir
Bauer agricultor *m*
Bauernhof quinta
Baum árvore *w*
Baumwolle algodão *m*
Beamter funcionário
bedecken cobrir
bedeuten significar
Bedienung serviço
beenden terminar
befinden, sich encontrar-se, ficar
befördern transportar
begegnen encontrar
beginnen começar
begleiten acompanhar
behalten guardar
beide ambos
Bein perna
Beispiel exemplo
beißen morder
Bekannter conhecido
bekommen receber
bemerken notar
benachrichtigen avisar
benehmen, sich (com)portar-se
benutzen usar, utilizar
Benzin gasolina
bequem cómodo
Berg monte *m*
Beruf profissão *f*
berühren tocar em
beschäftigen, sich ocupar-se com
beschreiben descrever
beschweren, sich queixar-se
Besen vassoura
besetzt ocupado
besichtigen visitar
Besitzer possuidor *m*
besonderer especial

bestätigen confirmar
bestellen encomendar; **(Restaurant)** pedir
Bestellung pedido, encomenda
Besuch visita
besuchen visitar
betreten entrar (em)
Betrieb empresa
betrunken bêbedo
Bett cama
Bettler mendigo
bewegen mover, mexer
beweisen provar
bewölkt nublado
Biene abelha
Bier cerveja
Bild (Gemälde) quadro
billig barato
Birne pêra; **(Glüh-)** lâmpada
bisschen um pouco
Bitte pedido
bitten pedir
bitter amargo
Blatt folha
blau azul
bleiben ficar
Bleistift lápis *m*
blind cego
Blitz relâmpago
Blume flor *w*
Blut sangue *m*
Boden chão *m*
Bohne feijão *m*
Boot barco
böse mau
Botschaft embaixada
Brand incêndio
brauchen precisar (de)
braun castanho
brechen partir
breit largo
brennen arder, queimar
Brett prancha
Brief carta
Briefmarke selo
Brieftasche carteira
Briefumschlag envelope *m*
Brille óculos *Mz*
bringen (her-) trazer; **(weg-)** levar
Brot pão *m*
Brücke ponte *w*
Bruder irmão *m*
Brunnen poço, fonte *w*
Brust peito; **(Busen)** seio
Buch livro
buchen (Platz) marcar
Buchstabe letra
buchstabieren soletrar
Bucht baía
bügeln engomar
Burg castelo
Bürger cidadão *m*
Bürgersteig passeio
Büro escritório
Bürste escova
Bus autocarro
Busch arbusto
Büstenhalter soutiã *m*
Butter manteiga

C

Café café *m*
Camping campismo
Chef chefe *m*
Computer computador *m*

D

Dach telhado
daheim em casa
damals naquele tempo
Dame senhora
Damenbinde penso higiénico
Dampf vapor *m*
danach depois
danken agradecer
dann então
Darm intestino
dass que
dasselbe o mesmo
Datum data
dauern durar
dauernd permanente

Decke (Bett-) cobertor *m*; **(Tisch-)** toalha de mesa; **(Woll-)** manta; **(Zimmer-)** teto
denken (an) pensar em
Denkmal monumento
denn pois
deshalb por isso
Diät dieta
dick gordo
Dieb ladrão *m*
Diebstahl roubo
Ding coisa
Dolmetscher intérprete *m*
Dorf aldeia
dort(hin) (para) lá
Dose lata
Dosenöffner abre-latas *m*
draußen fora
drehen virar, girar
dringend urgente
drinnen dentro
drucken imprimir
drücken empurrar
dumm estúpido
dunkel escuro
dünn fino, delgado; **(Mensch)** magro
Durchfall diarreia
Durchgang passagem *w*
dürfen poder
Durst sede *w*
Dusche chuveiro
Dutzend dúzia

E

Ebene planície *w*
echt autêntico, genuíno
Ecke canto
Ehe matrimónio
Ehefrau esposa, mulher *w*
Ehemann marido
Ehepaar casal *m*
ehrlich honesto
Ei ovo
eigener próprio
Eigentümer proprietário
eilig apressado; **es e. haben** ter pressa
Eimer balde *m*
einfach fácil
Einfahrt, -gang entrada
eingießen deitar (em)
einheimisch nativo
einige alguns
einkaufen fazer compras
einladen convidar
einschlafen adormecer
einsteigen subir
Eintritt entrada
Eintrittskarte bilhete *m*
einverstanden de acordo
einwickeln embrulhar
Einwohner habitante *m*
einzig único
Eis gelo; **(Speise-)** gelado
Eisen ferro
Eisenbahn caminho-de-ferro
Eltern pais *m, Mz*
Empfang receção *w*
Empfänger destinatário
empfehlen recomendar
Ende fim *m*
enden acabar
endlich por fim
eng estreito
Enkel neto
Ente pato
Entfernung distância
entscheiden decidir
entschuldigen desculpar
Erdbeere morango
Erde terra
Erdgeschoss rés-do-chão *m*
Erfahrung experiência
Erfolg sucesso
Erfrischung refresco

ergreifen agarrar
Erholung descanso
erinnern, sich lembrar-se
Erkältung constipação *w*
erklären explicar
erlauben permitir
Ermäßigung redução *w*
ernst sério
Ernte colheita
erwachsen adulto
erzählen contar
Erzeugnis produto
Esel burro
essen comer
Essen comida
Essig vinagre *m*
Etage andar *m*
etwas alguma coisa

F

Fabrik fábrica
Faden fio
Fahne bandeira
fahren ir; **(lenken)** conduzir
Fahrer motorista *m*
Fahrgast passageiro
Fahrkarte bilhete *m*
Fahrrad bicicleta
Fahrzeug veículo
fallen cair
falsch falso
Familie família
fangen apanhar
Farbe cor *w*
Fass barril *m*
fast quase
faul (träge) preguiçoso; **(verdorben)** podre
fegen varrer
fehlen faltar
Fehler erro
Feier festa
Feiertag feriado
fein fino
Feld campo
Fels rocha
Fenster janela
Ferien férias *Mz*
Fernsehen televisão *w*
fertig pronto
fett (Essen) gorduroso
feucht húmido
Feuer fogo
Feuerwehr bombeiros *Mz*
Feuerzeug isqueiro
Fieber febre *w*
Film (Foto) rolo
finden achar, encontrar
Finger dedo
Fisch peixe *m*
fischen pescar
Fischer pescador *m*
flach chato, plano
Flasche garrafa
Fleisch carne *w*
fleißig aplicado
Fliege mosca
fliegen voar
Flug voo
Flughafen aeroporto
Flugzeug avião *m*
Fluss rio
flüssig líquido
folgen seguir
fordern exigir
fortsetzen continuar
Fotoapparat máquina fotográfica
Frage pergunta
fragen perguntar
Frau mulher *w*
frei livre
Freiheit liberdade *w*
fremd desconhecido
Freude prazer *m*
Freund amigo
Freundin amiga
freundlich amável
Frieden paz *w*
frieren ter frio
frisch fresco
Friseur cabeleireiro
fröhlich alegre
Frucht fruto
früh cedo
früher antes
Frühling primavera

Frühstück pequeno-almoço
fühlen sentir
Führerschein carta de condução
füllen encher
Fuß pé *m*
Fußball futebol *m*
Fußgänger peão *m*

G

Gabel garfo
ganz inteiro
Garage garagem *w*
Garten jardim *m*
Gast hóspede *m/w*
Gastfreundschaft hospitalidade *w*
Gebäude edifício
geben dar; **(es gibt)** há
Gebiet região *w*
Gebirge serra
geboren nascido
Geburtstag aniversário
Gedächtnis memória
Geduld paciência
Gefahr perigo
gefährlich perigoso
gefallen gostar (de)
Gegenteil contrário
gegenüber em frente
geheim secreto
gehen ir
Gehirn cérebro
gehören pertencer (a)
gelb amarelo
Geld dinheiro
Geldautomat multibanco
Geldbörse porta-moedas *m*
Geldschein nota
Geldwechsel câmbio
Gemüse hortaliça, verduras *Mz*
genau exato
genießen gozar
genug bastante
Gepäck bagagem *w*
gerade (Linie) reto; **(soeben)** agora mesmo; acabar de
geradeaus em frente
gerne com gosto
Geruch cheiro
Geschäft (Handel) negócio; **(Laden)** loja
geschehen acontecer
Geschenk prenda
Geschichte história
Geschmack gosto
Geschwindigkeit velocidade *w*
Gesetz lei *w*
Gesicht cara, rosto
Gespräch conversa
gestern ontem
gesund saudável
Gesundheit saúde *w*
Getränk bebida
Gewicht peso
gewinnen ganhar
Gewitter trovoada
Gewohnheit hábito
Gift veneno
giftig venenoso
Gipfel cume *m*
Glas (Material) vidro; **(Trink-)** copo
glauben crer
gleich (ident.) igual; **(sofort)** já
Glocke sino
Glück sorte *w*
Gold ouro
Gott Deus *m*
Grad grau *m*
gratulieren felicitar
Grenze fronteira
groß grande
Größe tamanho
Großmutter avó *w*
Großvater avô *m*
grün verde
Gruppe grupo
grüßen cumprimentar
gültig válido
Gürtel cinto
gut bom

H

Haar pelo, cabelo
Hafen porto
Hagel granizo
Hahn galo;
(Wasser-) torneira
halb meio
Hälfte metade *w*
Hals pescoço;
(Kehle) garganta
Haltestelle paragem *w*
Hammer martelo
Hand mão *w*
Handel comércio
Handtuch toalha das mãos
Handy (tele)móvel *m*
hart duro
hässlich feio
Hauptstadt capital *w*
Haus casa
Haut pele *w*
heben levantar
Heft caderno
heilen curar
Heimat pátria
heiraten casar-se
heiß quente
heißen chamar-se
helfen ajudar (alguém)
hell claro
Hemd camisa
Herbst outono
Herr senhor *m*
herrlich magnífico
herstellen produzir
Herz coração *m*
heute hoje
hier(her) (para) aqui
Hilfe ajuda
Himmel céu *m*
hinaufgehen subir
hinausgehen sair
hinten atrás
hinuntergehen descer
hinzufügen acrescentar
Hitze calor *m*
hoch alto
höchstens no máximo
Hochzeit casamento
Hof pátio
hoffen esperar
höflich cortês, gentil
Höhe altura
Holz madeira
Honig mel *m*
hören ouvir
Hose calças *Mz*
hübsch bonito, lindo
Huhn galinha;
(Fleisch) frango
Hund cão *m*
Hunger fome *w*
husten tossir
Hut chapéu *m*

I

immer sempre
inbegriffen incluído
Inhalt conteúdo
innen dentro
innerlich interior
inzwischen entretanto
Insel ilha
irren, sich enganar-se
Irrtum erro

J

Jacke casaco
Jahr ano
Jahrhundert século
jeder cada
jemand alguém
jetzt agora
Jugend juventude *w*
jung jovem
Junge rapaz *m*, menino

K

Kaffee café *m*
Kalb(fleisch) vitela
kalt frio
Kamm pente *m*
kämmen pentear
Kap cabo
kaputt estragado

Kartoffel batata
Käse queijo
Kasse caixa
Katze gato
kaufen comprar
Keller cave *w*
Kellner empregado de mesa
kennen conhecer
Kerze vela
Kilogramm quilo
Kind criança
Kino cinema *m*
Kirche igreja
Kirsche cereja
Kissen almofada
Kiste caixa
Klang som *m*
Kleid vestido
Kleidung roupa
klein pequeno
Klingel campainha
klug inteligente
Knie joelho
Knochen osso
Knopf botão *m*
Koch cozinheiro
kochen cozinhar, cozer; **(sieden)** ferver
Koffer mala
Kohl couve *w*
kommen vir
können poder
Konto conta
Kopf cabeça
Korb cesta
Körper corpo
Korridor corredor *m*
kosten custar
Kosten custo
Kraft força
krank doente
Krankenhaus hospital *m*
Krankheit doença
Kreis círculo
Kreuz cruz *w*
Kreuzung cruzamento
Krieg guerra
Krug cântaro, jarra
Küche cozinha
Kuchen bolo
Kuh vaca
kühl fresco
Kunde freguês *m*
Kunst arte *w*
Kurve curva
kurz curto; **(Zeit)** breve
Kuss beijo
Küste costa

L

lachen rir(-se)
Laden loja
Lage situação *w*
Lamm(fleisch) borrego
Lampe candeeiro
Land país, *m*; **(Dorf)** campo
Landkarte mapa *m*
lang comprido, longo
langsam lento; **(Adv.)** devagar
langweilig aborrecido
Lärm barulho
lassen deixar
Lastwagen camião *m*
laufen correr
laut alto
leben viver
Leben vida
Leber fígado
Leder couro, cabedal *m*
ledig solteiro
leer vazio
legen pôr, colocar
lehren ensinar
Lehrer professor *m*
leicht (einfach) fácil; **(Gewicht)** leve
leider infelizmente
leihen emprestar
leise baixo
lernen estudar, aprender
lesen ler
letzter último
Leute gente *w*
Licht luz *w*
Liebe amor *m*

lieben amar
liebenswürdig amável
Lied canção *w*
liefern fornecer
links à esquerda
Lippe lábio
Liter litro
Loch buraco
Löffel colher *w*
Lohn salário
Luft ar *m*
Lüge mentira
lügen mentir
Lunge pulmão *m*

M

machen fazer
Mädchen rapariga, menina
Magen estômago
Mahlzeit refeição *w*
Mais milho
Mal vez *w*
malen pintar
manchmal às vezes
Mann homem *m*
Mantel sobretudo
Markt mercado
Matratze colchão *m*
Mauer muro
Maut portagem *w*
Meer mar *m*
Mehl farinha
Mensch homem *m*
messen medir
Messer faca
mieten arrendar
Milch leite *m*
mild suave
mindestens pelo menos
mischen misturar
Mittag meio-dia *m*
Mittagessen almoço
Mitte centro
möglich possível
Monat mês *m*
Mond lua
morgen amanhã
Morgen manhã *w*
Motorrad motocicleta
Mücke mosquito
müde cansado
Mühle moinho
Müll lixo
Mund boca
Münze moeda
Musik música
müssen ter de, dever
Mutter mãe *w*
Mütze boné *m*

N

Nachbar vizinho
nachher depois
Nachmittag tarde *w*
Nachname apelido
Nachricht notícia
nächster próximo
Nacht noite *w*
nachts de noite
nackt nu
Nadel agulha
Nagel (Stift) prego; **(Finger-)** unha
nahe perto
nähen coser
Nahrung alimentação *w*
Name nome *m*
Nase nariz *m*
nass molhado
Natur natureza
Nebel nevoeiro
Neffe sobrinho
nehmen tomar
nennen chamar, indicar
Netz rede *w*
neu novo
neugierig curioso
Nichte sobrinha
nichts nada
nie nunca
niedrig baixo
niemand ninguém
Niere rim *m*
nirgendwo em parte nenhuma
noch ainda
Norden norte *m*
notwendig necessário

Nummer número
nun agora
nur só
Nuss noz *w*
nützlich útil
nutzlos inútil

O

ob se
oben em cima
Obst fruta
oder ou
Ofen (Herd) fogão *m;*
(Back-) forno
offen aberto
öffentlich público
öffnen abrir
oft muitas vezes
Ohr orelha;
(Gehör) ouvido
Öl óleo;
(Oliven-) azeite *m*
Olive azeitona
Onkel tio
Orange laranja
Ordnung ordem *w*
Ort lugar *m*, sítio
Osten leste *m*

P / Q

Paar (Dinge) par *m*
Paket encomenda
Panne avaria
Papier papel *m*
Park parque *m*
parken estacionar
Parkplatz parque de estacionamento *m*
Pass passaporte *m*;
(Berg-) desfiladeiro
Person pessoa
Pfeffer pimenta
Pferd cavalo
Pflanze planta
Pflaster (Heft-) adesivo
Pilz cogumelo
Platz (öffentl.) praça
plötzlich de repente
Polizei polícia
Post correio
Preis preço
Prozent por cento
Punkt ponto
pünktlich pontual
Puter peru *m*
Qualität qualidade *w*
Quittung recibo

R

Rabatt desconto
Rad roda
rasieren barbear(-se)
Rat conselho
Rauch fumo
rauchen fumar
Raum espaço;
(Zimmer) sala
rechnen calcular
Rechnung conta, fatura
Recht direito
rechts à direita
reden falar
Regen chuva
Regierung governo
regnen chover
reich rico
reif maduro
Reifen pneu *m*
reinigen limpar
Reis arroz *m*
Reise viagem *w*
Reisebüro agência de viagens
reisen viajar
Rentner reformado
reparieren reparar
Rest resto
retten salvar
richtig exato, correto
Richtung direção *w*
riechen cheirar
Ring anel *m*
Rock saia
roh cru
rot encarnado, vermelho
Rücken costas *Mz*
Rucksack mochila

rückwärts para trás
rufen chamar
ruhig calmo, quieto
rund redondo
Rundfahrt volta

S

Sache coisa
Sack saco
Saft sumo
sagen dizer
Salat salada
Salz sal *m*
salzig salgado
Sand areia
satt farto, cheio
sauber limpo
sauer ácido
Schaden dano
Schaf ovelha
schaffen (zu tun) conseguir
Schalter guiché *m*; **(elektr.)** interruptor *m*
scharf (Klinge) afiado; **(Geschmack)** picante
Schatten sombra
Scheck cheque *m*
scheinen parecer; **(leuchten)** brilhar
schenken oferecer
Schere tesoura
Scherz brincadeira
schicken enviar, mandar
schießen disparar
Schiff navio
Schinken presunto
Schirm guarda-chuva *m*
Schlaf sono
schlafen dormir
schlagen bater
Schlange (Warte-) fila
schlecht mau
schließen fechar
Schluss fim *m*
Schlüssel chave *w*
schmackhaft saboroso
schmecken saber
Schmerz dor *w*
Schmetterling borboleta
Schmuck joias *Mz*
schmutzig sujo
Schnee neve *w*
schneiden cortar
schnell (Adj.) rápido; **(Adv.)** depressa
Schokolade chocolate *m*
schon já
schön belo, bonito, lindo
Schrank armário
Schraube parafuso
schrecklich horrível
schreiben escrever
schreien gritar
Schritt passo
Schuh sapato
Schuld culpa
Schule escola
Schulter ombro
Schuss tiro
schwach fraco
schwanger grávida
schweigen calar-se
Schwein porco
schwer (Gewicht) pesado; **(Krankheit)** grave
Schwester irmã *w*
schwierig difícil
Schwimmbad piscina
schwimmen nadar
schwitzen suar
See lago
Segel vela
sehen ver
sehr muito
Seife sabonete *m*
Seil corda
Seite lado; **(Buch)** página
selbst mesmo
selten raro
Serviette guardanapo
setzen pôr
sicher seguro; **(gewiss)** certo
Silber prata

singen cantar
so assim
sofort imediatamente
Sohn filho
solcher tal
sollen dever
Sommer verão *m*
Sonne sol *m*
sonnig soalheiro
sparen poupar
spät tarde
spazieren passear
Speise prato
Speisekarte lista
Spiegel espelho
Spiel jogo
spielen brincar, jogar;
(Musik) tocar
Spielzeug brinquedo
Sport desporto
Sprache língua
sprechen falar
Spritze injeção *w*
Staat estado
Stadt cidade *w*
Stadtplan planta
stark forte
Stärke força
Staub pó *m*
stechen picar
Steckdose tomada
stehlen roubar
Stein pedra
stellen pôr
sterben morrer
Stern estrela
still tranquilo, quieto
Stimme voz *w*
Stoff tecido
stören incomodar
Strafe castigo;
(Geld-) multa
Strand praia
Straße rua;
(Land-) estrada
Streichholz fósforo
Strom corrente *w*
Strumpf meia
Stück peça
Student estudante *m*
Stuhl cadeira
Stunde hora
Sturm tempestade *w*
suchen procurar
Süden sul *m*
Suppe sopa
süß doce

T

Tabak tabaco
Tablett tabuleiro
Tag dia *m*
Tal vale *m*
tanken meter gasolina
Tankstelle bomba de gasolina
Tante tia
Tanz dança
tanzen dançar
Tasche (Hand-) bolsa;
(in Kleidung) bolso
Tasse chávena
tauchen mergulhar
tauschen trocar
Tee chá *m*
Teil parte *w*
teilen partilhar
Telefon telefone *m*
Teller prato *m*
Teppich tapete *m*
teuer caro
tief fundo
Tier animal *m*
Tintenfisch lula
Tisch mesa
Tochter filha
Tod morte *w*
Toilette casa de banho
Topf tacho
tot morto
töten matar
tragen carregar
Traum sonho
traurig triste
treffen encontrar;
(Ziel) acertar (em)
Treppe escada
trinken beber
Trinkgeld gorjeta
trocken seco
Tropfen gota

Tuch lenço
tun fazer
Tür porta
Turm torre *w*

U

überall por toda a parte
überqueren atravessar
Überraschung surpresa
übersetzen traduzir
Übersetzung tradução *w*
überweisen transferir
üblich usual, habitual
Ufer margem *w*
Uhr relógio
umarmen abraçar
umgekehrt inverso
umkehren regressar
Umleitung desvio
umsteigen mudar de
Umwelt meio ambiente
Unfall acidente *m*
unten em baixo
unterhalten, sich conversar
Unterhose (Dame) calcinhas *Mz*; **(Herr)** cuecas *Mz*
Unterschied diferença
Unterschrift assinatura
Urlaub férias *Mz*
Ursache causa

V

Vater pai *m*
verabreden, sich combinar
Verabredung encontro
verabschieden, sich despedir-se
verantwortlich responsável
verbieten proibir
verbinden juntar, ligar
verdienen ganhar
Vergangenheit passado
vergessen esquecer
vergnügen, sich divertir-se
verheiratet casado
Verkauf venda
verkaufen vender
Verkehr trânsito
verlängern prolongar
verlassen deixar
verleihen emprestar
Verletzung ferimento
verlieren perder
Verlobter noivo
Verlust perda
vermieten alugar
verrückt doido, louco
verschiedene vários
Versicherung seguro
verspäten, sich atrasar-se
versprechen prometer
verstehen entender, compreender
versuchen tentar
Vertrag contrato
Vertrauen confiança
Verwandter parente *m*
viel muito
vielleicht talvez
Vogel (groß) ave *w*; **(klein)** pássaro
Volk povo
voll cheio
vorbeigehen passar
vorbereiten preparar
vorher antes
vorläufig provisório
Vormittag manhã *w*
vorne à frente
vornehm distinto
Vorschlag proposta
Vorsicht cautela
vorsichtig prudente
vorstellen apresentar

W

Waage balança
wach acordado
wachsen crescer
Wagen carro
Wahlen eleições *w Mz*

wahr verdadeiro
während durante
Wahrheit verdade *w*
wahrscheinlich provável
Wald floresta
Wand parede *w*
Wange face *w*
Ware mercadoria
warm quente
warten esperar
Waschbecken lavatório
Wäsche roupa
waschen lavar
Wäscherei lavandaria
Wasser água
wechseln mudar
wecken acordar
Wecker despertador *m*
weg embora
Weg caminho
weh tun doer
weich mole
weil porque
Wein vinho
weinen chorar
weiß branco
weit (weg) distante; **(n. eng)** largo
Welle onda
Welt mundo
wenig pouco
wenn (Bedingung) se; **(zeitlich)** quando
Werkstatt oficina
Werkzeug ferramenta
Wert valor *m*
Westen oeste *m*
Wetter tempo
wichtig importante
wieder de novo
wiederholen repetir
Wind vento
Windel fralda
Winter inverno
wissen saber
Witz anedota
Woche semana
wohnen morar
Wohnort domicílio
Wohnung andar *m*
Wolke nuvem *w*
Wolle lã *w*
wollen querer
Wort palavra
Wörterbuch dicionário
Wunde ferida
wunderbar maravilhoso
Wunsch desejo
wünschen desejar
wütend furioso

Z

Zahl número
zahlen pagar
zählen contar
zahlreich numeroso
Zahn dente *m*
Zeichen sinal *m*
zeigen mostrar
Zeit tempo
Zeitschrift revista
Zeitung jornal *m*
Zelt tenda
Zeltplatz parque de campismo *m*
zerbrechlich frágil
Zeuge testemunha
ziehen puxar
Ziel (Reise-) destino
ziemlich bastante
Zigarette cigarro
Zigarre charuto
Zimmer quarto
Zitrone limão *m*
Zoll alfândega
zu (sehr) demasiado; **z. viel** demais
Zucker açúcar *m*
Zufall acaso
zufrieden contente
Zug comboio
Zukunft futuro
Zunge língua
zurück de volta, para trás
zurückgeben devolver
zusammen junto(s)
Zuschlag suplemento
Zweifel dúvida
Zweig ramo

Wörterliste Portugiesisch – Deutsch

A

aborrecido langweilig
abraçar umarmen
abre-latas *m* Dosenöffner
abrir öffnen
acabar enden; gerade (getan haben)
acaso Zufall
acender anzünden
acertar (em) treffen
achar finden
acidente *m* Unfall
ácido sauer
acompanhar begleiten
acontecer geschehen
acordar wecken
acordo: de a. einverstanden
açúcar *m* Zucker
advogado Anwalt
afiado scharf (Klinge)
agora jetzt, nun; **a. mesmo** soeben
agradável angenehm
agradecer danken
agricultor *m* Bauer
água Wasser
agulha Nadel
ainda noch
ajuda Hilfe
ajudar helfen
aldeia Dorf
alegre fröhlich
alfândega Zoll
algodão *m* Baumwolle
alguém jemand
alguma coisa etwas
alguns einige
alimentação *w* Nahrung
almoço Mittagessen; **pequeno a.** Frühstück
almofada Kissen
alto hoch, laut
altura Höhe
alugar vermieten
amanhã morgen
amar lieben
amarelo gelb
amargo bitter
amável freundlich
ambos beide
amigo Freund
amor *m* Liebe
andar *m* Etage, Wohnung
anedota Witz
anel *m* Ring
animal *m* Tier
aniversário Geburtstag
ano Jahr
antes früher, vorher
apanhar fangen
apelido Nachname
aplicado fleißig
aprender lernen
apresentar vorstellen
apressado eilig
aqui hier
ar *m* Luft
arbusto Busch
areia Sand
armário Schrank
arrendar mieten
arroz *m* Reis
arte *w* Kunst
árvore *w* Baum
assim so
assinatura Unterschrift
atenção *w* Achtung
atrás hinten
atrasar-se sich verspäten
atraso Verspätung
atravessar überqueren
autocarro Bus
avaria Panne
ave *w* Vogel (groß)
avisar benachrichtigen
avó *w* Großmutter
avô *m* Großvater
azeite *m* Olivenöl
azeitona Olive
azul blau

B

bagagem *w* Gepäck
baía Bucht
baixo niedrig, leise;
em b. unten
balança Waage
balde *m* Eimer
bandeira Fahne
banho Bad;
tomar b. baden
barato billig
barba Bart
barbear rasieren
barco Boot
barril *m* Fass
barulho Lärm
bastante genug, ziemlich
batata Kartoffel
bater schlagen
beber trinken
bebida Getränk
beijo Kuss
belo schön
bicicleta Fahrrad
bilhete *m* Ticket
boca Mund
bolo Kuchen
bolsa (Hand-)Tasche
bolso Tasche (Kleidg.)
bom gut
boné *m* Mütze
bonito hübsch, schön
borboleta Schmetterling
borrego Lamm(fleisch)
botão *m* Knopf
branco weiß
breve kurz (Zeit);
em b. bald
brilhar scheinen (Sonne)
brincadeira Scherz
brincar spielen
brinquedo Spielzeug
buraco Loch

C

cabeça Kopf
cabelo Haar
cabo Kap
cada jeder
cadeira Stuhl
caderno Heft
café *m* Kaffee, Café
cair fallen
caixa Kasse, Kiste
calar-se schweigen
calças *Mz* Hose
calcinhas *Mz* Unterhose (Dame)
calcular rechnen
calmo ruhig
calor *m* Hitze
cama Bett
câmbio Geldwechsel
camião *m* Lastwagen
caminho Weg
camisa Hemd
campainha Klingel
campismo Camping;
parque de c. Zeltplatz
canção *w* Lied
candeeiro Lampe
cansado müde
cantar singen
canto Ecke
cão *m* Hund
capital *w* Hauptstadt
cara Gesicht
carne *w* Fleisch
caro teuer
carregar tragen
carro Auto, Wagen
carta Brief
carteira Brieftasche
casa Haus, Wohnung
casaco Jacke
casal *m* Ehepaar
casar-se heiraten
castanho braun
castelo Burg
castigo Strafe
causa Ursache
cautela Vorsicht
cavalo Pferd
cave *w* Keller
cedo früh
cego blind
certo gewiss, sicher

cerveja Bier
cesta Korb
céu *m* Himmel
chá *m* Tee
chamada Anruf
chamar rufen, nennen; **ch.-se** heißen
chão *m* Boden
chapéu *m* Hut
charuto Zigarre
chave *w* Schlüssel
chávena *w* Tasse
chefe *m* Chef, Ober
chegada Ankunft
chegar ankommen
cheio voll
cheirar riechen
cheiro Geruch
cheque *m* Scheck
chorar weinen
chover regnen
chuva Regen
chuveiro Dusche
cidade *w* Stadt
cigarro Zigarette
cima: em c. oben
cinema *m* Kino
cinto Gürtel
cinza Asche
círculo Kreis
claro hell, klar
cobertor *m* Bettdecke
cobrir bedecken
cogumelo Pilz
coisa Sache, Ding
colchão *m* Matratze
colher *w* Löffel
combinar sich verabreden
comboio Zug
começar anfangen
comer essen
comércio Handel
comida Essen
cómodo bequem
comprar kaufen
compreender verstehen
comprido lang
confiança Vertrauen
conhecer kennen
conhecido Bekannter
conseguir schaffen
conselho Rat
constipação *w* Erkältung
conta Rechnung, Konto
contar (er)zählen
contente zufrieden
conteúdo Inhalt
continuar fortsetzen
contrato Vertrag
conversa Gespräch
conversar sich unterhalten
convidar einladen
copo (Trink-)Glas
cor *w* Farbe
coração *m* Herz
corda Seil
corpo Körper
correio Post
corrente *w* Strom
correr laufen
correto richtig
cortar schneiden
coser nähen
costa Küste
costas *Mz* Rücken
couro Leder
cozinha Küche
cozinhar kochen
crer glauben
crescer wachsen
criança Kind
cru roh
cruz *w* Kreuz
cruzamento Kreuzung
cuecas *Mz* Unterhose
culpa Schuld
cume *m* Gipfel
cumprimentar grüßen
curar heilen
curioso neugierig
curto kurz
custar kosten
custo Kosten

D

dança Tanz
dano Schaden

dar geben
data Datum
dedo Finger
deixar (ver)lassen
demais zu viel
demasiado zu (sehr)
dente *m* Zahn
dentro innen
denúncia Anzeige
depois nachher
depressa schnell (Adv.)
descer hinuntergehen
desconhecido fremd
desconto Rabatt
desculpar entschuldigen
desejar wünschen
desejo Wunsch
desfiladeiro Pass
despedir-se sich verabschieden
despertador *m* Wecker
desporto Sport
destino (Reise-)Ziel
desvio Umleitung
Deus *m* Gott
devagar langsam (Adv.)
dever sollen, müssen
devolver zurückgeben
dia *m* Tag
dicionário Wörterbuch
diferença Unterschied
difícil schwierig
dinheiro Geld
direção *w* Richtung
direita: à d. rechts
direito Recht
disparar schießen
distância Entfernung
distante weit (weg)
distinto vornehm
divertir-se sich vergnügen
dizer sagen
doce süß
doença Krankheit
doente krank
doer weh tun
doido verrückt
domicílio Wohnort
dor *w* Schmerz
dormir schlafen
durar dauern
duro hart
dúvida Zweifel

E

edifício Gebäude
eleições *w Mz* Wahlen
embaixada Botschaft
embora weg
embrulhar einwickeln
empregado Angestellter
emprestar (ver)leihen
empurrar drücken
encarnado rot
encher füllen
encomenda Bestellung, Paket
encomendar bestellen
encontrar finden, treffen, begegnen; **e.-se** sich befinden
encontro Verabredung
endereço Adresse
enganar-se sich irren
engomar bügeln
ensinar lehren
então also, dann
entender verstehen
entrada Einfahrt, -gang
entrar (em) betreten
entretanto inzwischen
envelope *m* Briefumschlag
enviar schicken
erro Irrtum, Fehler
escada Treppe
escola Schule
escova Bürste
escrever schreiben
escritório Büro
escuro dunkel
espaço Raum
espelho Spiegel
esperar warten, hoffen
esposa Ehefrau
esquecer vergessen
esquerda: à e. links

estação *w* Bahnhof
estacionamento:
parque de e. Parkplatz
estacionar parken
estado Staat
estômago Magen, Bauch
estrada Landstraße
estragado kaputt
estrangeiro Ausland, Ausländer
estreito eng
estrela Stern
estudante *m* Student
exato genau
excursão *w* Ausflug
exigir fordern
experiência Erfahrung
exposição *w* Ausstellung
exterior äußerlich

F

faca Messer
face *w* Wange
fácil einfach, leicht
falar sprechen, reden
falso falsch
faltar fehlen
farinha Mehl
farmácia Apotheke
fatigante anstrengend
fatura Rechnung
fazer machen, tun
febre *w* Fieber
fechar schließen
feio hässlich
feriado Feiertag
férias *Mz* Ferien, Urlaub
ferida Wunde
ferramenta Werkzeug
ferro Eisen
ferver kochen (sieden)
ficar bleiben, sich befinden
fígado Leber
fila Warteschlange
filha Tochter
filho Sohn
fim *m* Ende, Schluss
fino dünn, fein
fio Faden
flor *w* Blume
floresta Wald
fogão *m* Herd, Kocher
fogo Feuer
folha Blatt
fome *w* Hunger
fonte *w* Brunnen, Quelle
fora außen
força Kraft, Stärke
fornecer liefern
forno Backofen
forte stark
fósforo Streichholz
fraco schwach
frágil zerbrechlich
fralda Windel
freguês *m* Kunde
frente: à f. vorne;
em f. gegenüber, geradeaus
fresco frisch, kühl
frio kalt;
ter f. frieren
fronteira Grenze
fruta Obst
fruto Frucht
fumar rauchen
fumo Rauch
fundo tief
furioso wütend
futuro Zukunft

G

galo Hahn
ganhar gewinnen, verdienen
garagem *w* Garage
garfo Gabel
garganta Hals, Kehle
garrafa Flasche
gasolina Benzin;
bomba de g. Tankstelle
meter g. tanken
gastar ausgeben
gato Katze
gelado Speiseeis
gelo Eis

gente *w* Leute
gordo dick
gorduroso fett(ig)
gorjeta Trinkgeld
gostar (de) gefallen
gosto Geschmack;
com g. gerne
gota Tropfen
governo Regierung
gozar genießen
grande groß
granizo Hagel
grau *m* Grad
grave schwer (Krankh.)
grávida schwanger
gritar schreien
guarda-chuva *m* Schirm
guardanapo Serviette
guardar aufbewahren
guerra Krieg
guiché *m* Schalter

H

há es gibt
habitante *m* Einwohner
hábito Gewohnheit
habitual üblich
hoje heute
homem *m* Mann, Mensch
hora Stunde
horrível schrecklich
hortaliça Gemüse
hospital *m* Krankenhaus
hospitalidade *w* Gastfreundschaft
húmido feucht

I

idade *w* Alter
igreja Kirche
igual gleich
ilha Insel
imediatamente sofort
importante wichtig
incluído inbegriffen
incomodar stören
indicar nennen
infelizmente leider
início Anfang
injeção *w* Spritze
inteiro ganz
interior innerlich
interruptor *m* Schalter
inverno Winter
inverso umgekehrt
ir gehen, fahren
irmã *w* Schwester
irmão *m* Bruder
isqueiro Feuerzeug
isso: por i. deshalb

J

já schon, gleich
janela Fenster
jantar *m* Abendessen
jardim *m* Garten
jarra Krug
joelho Knie
jogar spielen
jogo Spiel
joias *Mz* Schmuck
jornal *m* Zeitung
jovem jung
juntar verbinden
junto(s) zusammen
juventude *w* Jugend

L

lá dort
lã *w* Wolle
lábio Lippe
lado Seite
ladrão *m* Dieb
lago See
lápis *m* Bleistift
laranja Orange
largo breit, weit
lavandaria Wäscherei
lavar waschen
lavatório Waschbecken
lei *w* Gesetz
leite *m* Milch
lembrança Andenken
lembrar-se sich erinnern
lenço Tuch

lento langsam
ler lesen
leste *m* Osten
letra Buchstabe
levantar heben
levar mitnehmen
leve leicht (Gewicht)
ligação *w* Anschluss
ligar verbinden, anschalten
limão *m* Zitrone
limpar putzen, reinigen
limpo sauber
lindo hübsch, schön
língua Sprache, Zunge
lista Speisekarte
livre frei
livro Buch
lixo Müll
loja Geschäft, Laden
longo lang, weit (Reise)
louco verrückt
lua Mond
lugar *m* Ort, Stelle
lula Tintenfisch
luz *w* Licht

M

maçã *w* Apfel
madeira Holz
maduro reif
mãe *w* Mutter
magnífico herrlich
magro mager, dünn
mala *w* Koffer
mandar schicken
manhã *w* Morgen, Vormittag
manteiga Butter
mão *w* Hand
mapa *m* Landkarte
mar *m* Meer
maravilhoso wunderbar
marcar buchen
margem *w* Ufer
marido Ehemann
martelo Hammer
matar töten
mau schlecht, böse
máximo: no m. höchstens
médico Arzt
medir messen
medo Angst
meia Strumpf
meio halb
m. ambiente Umwelt
meio-dia *m* Mittag
mel *m* Honig
menina Mädchen
menino Junge
menos: pelo m. wenigstens
mentir lügen
mentira Lüge
mercado Markt
mercadoria Ware
mergulhar tauchen
mês *m* Monat
mesa Tisch
mesmo selbst;
o m. dasselbe
metade *w* Hälfte
milho Mais
misturar mischen
mochila Rucksack
moeda Münze
moinho Mühle
mole weich
molhado nass
montanha Gebirge
monte *m* Berg
morar wohnen
morrer sterben
morte *w* Tod
morto tot
mosca Fliege
mosquito Mücke
mostrar zeigen
motocicleta Motorrad
motorista *m* Fahrer
mudar wechseln, ändern;
m. de umsteigen
muito sehr, viel
mulher *w* (Ehe-)Frau
multa Geldstrafe
mundo Welt
muro Mauer

N

nada nichts
nadar schwimmen
nariz *m* Nase
nascido geboren
natureza Natur
navio Schiff
necessário notwendig
neto Enkel
neve *w* Schnee
nevoeiro Nebel
ninguém niemand
noite *w* Nacht
noivo Verlobter
nome *m* Name
norte *m* Norden
notícia Nachricht
novo neu;
de n. wieder
noz *w* Nuss
nu nackt
nublado bewölkt
número Zahl, Nummer
numeroso zahlreich
nunca nie
nuvem *w* Wolke

O

óculos *Mz* Brille
ocupado besetzt
oeste *m* Westen
oferecer anbieten, schenken
oferta Angebot
oficina Werkstatt
óleo Öl
olhar (an)schauen
ombro Schulter
onda Welle
ontem gestern
ordem *w* Ordnung
orelha Ohr
osso Knochen
ou oder
ouro Gold
outono Herbst
outro anderer
ouvido Ohr (Gehör)
ouvir hören
ovelha Schaf
ovo Ei

P

paciência Geduld
pagar zahlen
página Seite (Buch)
pai *m* Vater
país *m* Land
palavra Wort
pão *m* Brot
papel *m* Papier
par *m* Paar
parafuso Schraube
paragem *w* Haltestelle
parar anhalten
parecer (er)scheinen
parede *w* Wand
parente *m* Verwandter
parque *m* Park
parte *w* Teil;
em p. nenhuma nirgendwo;
por toda a p. überall
partida Abreise
partilhar teilen
partir abreisen
passado Vergangenheit
passagem *w* Durchgang
passaporte *m* Reisepass
passar vorbeigehen
pássaro Vogel (klein)
passear spazieren
passeio Bürgersteig
passo Schritt
pátria Heimat
paz *w* Frieden
pé *m* Fuß
peão *m* Fußgänger
peça Stück
pedido Bitte, Bestellung
pedir bitten, bestellen
pedra Stein
peito Brust
peixe *m* Fisch
pele *w* Haut
pelo Haar

pensar denken
pente *m* Kamm
pequeno klein
perda Verlust
perder verlieren
pergunta Frage
perguntar fragen
perigo Gefahr
perigoso gefährlich
permitir erlauben
perna Bein
pertencer gehören
perto nahe
peru *m* Puter
pesado schwer
pescador *m* Fischer
peso Gewicht
pessoa Person
picante scharf
picar stechen
pimenta Pfeffer
pintar malen
piscina Schwimmbad
planta Pflanze; Stadtplan
pneu *m* Reifen
pó *m* Staub
poço Brunnen
poder können, dürfen
pois denn
polícia Polizei
ponte *w* Brücke
ponto Punkt
pontual pünktlich
pôr stellen, legen
porco Schwein
porém aber, jedoch
porque weil
porta Tür
portagem *w* Maut
porto Hafen
possível möglich
possuidor *m* Besitzer
postal *m* Ansichtskarte
pouco wenig;
um p. ein bisschen
poupar sparen
povo Volk
praça Platz (öffentl.)
praia Strand
prata Silber
prato Teller, Speise
prazer *m* Freude
precisar (de) brauchen
preço Preis
prego Nagel (Stift)
preguiçoso faul
prenda Geschenk
preparar vorbereiten
pressa: ter p. es eilig haben
presunto Schinken
primavera Frühling
procurar suchen
professor *m* Lehrer
profissão *w* Beruf
proibir verbieten
prolongar verlängern
prometer versprechen
pronto fertig
pronúncia Aussprache
proposta Vorschlag
proprietário Eigentümer
provável wahrscheinlich
próximo nächster
prudente vorsichtig
público öffentlich
pulmão *m* Lunge
puxar ziehen

Q

quando als, wenn
quarto Zimmer
quase fast
que dass, als (Vergl.)
queijo Käse
quente warm, heiß
querer wollen
quieto ruhig, still
quinta Bauernhof

R

ramo Zweig
rapariga Mädchen
rapaz *m* Junge
rápido schnell
raro selten
rebocar abschleppen

receber bekommen
receção *w* Empfang
recibo Quittung
rede *w* Netz
redondo rund
redução *w* Ermäßigung
refeição *w* Mahlzeit
reformado Rentner
refresco Erfrischung
região *w* Gebiet
regressar umkehren
relógio Uhr
remédio Arznei
reparar reparieren
repartição *w* Amt
repente: de r. plötzlich
repetir wiederholen
rés-do-chão *m* Erdgeschoss
responder antworten
responsável verantwortlich
resposta Antwort
resto Rest
reto gerade
revista Zeitschrift
rico reich
rim *m* Niere
rio Fluss
rir(-se) lachen
roda Rad
rolo Film (Foto)
roubar stehlen
roubo Diebstahl
roupa Kleidung
rua Straße

S

saber wissen, schmecken
sabonete *m* Seife
saboroso schmackhaft
saco Sack
saia Rock
saída Ausfahrt, -gang
sair hinausgehen
sal *m* Salz
sala Raum, Zimmer
salário Lohn
salgado salzig
salvar retten
sangue *m* Blut
sapato Schuh
saudável gesund
saúde *w* Gesundheit
se ob, wenn (Beding.)
seco trocken
secreto geheim
século Jahrhundert
sede *w* Durst
seguir folgen
seguro sicher, Versicherung
selo Briefmarke
semana Woche
semelhante ähnlich
sempre immer
sentir fühlen
serra Gebirge
serviço Bedienung
sinal *m* Zeichen
sino Glocke
sítio Ort, Stelle
só nur
soalheiro sonnig
sobretudo Mantel
sobrinho Neffe
sol *m* Sonne
solteiro ledig
som *m* Klang
sombra Schatten
sonho Traum
sono Schlaf
sopa Suppe
sorte *w* Glück
sozinho allein
suar schwitzen
suave mild
subir hinaufgehen, einsteigen
sujo schmutzig
sul *m* Süden
sumo Saft
suplemento Zuschlag
surpresa Überraschung

T

tabaco Tabak
tabuleiro Tablett

tacho Topf
tal solcher
talvez vielleicht
tamanho Größe
também auch
tapete *m* Teppich
tarde spät
tarde *w* Nachmittag, Abend
tecido Stoff
telhado Dach
tempestade *w* Sturm
tempo Zeit, Wetter
tenda Zelt
tentar versuchen
ter: t. de müssen
terminar beenden
tesoura Schere
testemunha Zeuge
tio Onkel
tiro Schuss
toalha (Hand-)Tuch
tocar berühren, spielen (Musik)
tomada Steckdose
tomar nehmen
torneira Wasserhahn
torre *w* Turm
tossir husten
trabalhar arbeiten
trabalho Arbeit
tradução *w* Übersetzung
traduzir übersetzen
tranquilo still
transferir überweisen
trânsito Verkehr
trás: para t. zurück
trazer bringen
triste traurig
trocar tauschen
trovoada Gewitter
tudo alles

U

último letzter
unha (Finger-)Nagel
único einzig
urgente dringend
usar benutzen
usual üblich
útil nützlich

V / X

vaca Kuh, Rindfleisch
vale *m* Tal
válido gültig
valor *m* Wert
vapor *m* Dampf
vários verschiedene
varrer fegen
vassoura Besen
vazio leer
vela Kerze; Segel
velho alt
velocidade *w* Geschwindigkeit
venda Verkauf
vender verkaufen
veneno Gift
vento Wind
ver sehen
verão *m* Sommer
verdade *w* Wahrheit
verdadeiro wahr
verde grün
vermelho rot
vestido Kleid
vez *w* Mal;
em v. de anstatt
vezes: às v. manchmal
viagem *w* Reise, Fahrt
viajar reisen
vida Leben
vidro Glas (Material)
vinagre *m* Essig
vinho Wein
vir kommen
virar drehen, abbiegen
visitar besuchen, besichtigen
vista (Aus-)Sicht
vitela Kalb(fleisch)
viver leben
vizinho Nachbar
voar fliegen
volta Rundfahrt;
de v. zurück
voo Flug
voz *w* Stimme
xadrez *m* Schach

Der Autor

Jürg Konrad Ottinger,
Betriebsökonom HWV,
wurde in Zürich geboren.

„1982 habe ich Zürich endgültig verlassen und wohne seither in einem alten Haus in Portugal, das ich renoviert habe. Das milde Klima, ein einfaches Niederlassungsverfahren und die Tatsache, dass die Gegend, in der ich wohne, touristisch noch nicht so überlaufen ist, haben meinen Entschluss zu bleiben, vereinfacht.

Fremde Sprachen faszinieren mich. Besonderes Talent dazu habe ich leider nicht. Im Lande selber fällt das Lernen aber viel leichter als zu Hause.

Nebst Gartenarbeiten, Tierhaltung und einem kleinen Pensionsbetrieb bleiben mir und meiner Freundin plus Kindern glücklicherweise noch genug Zeit, um die Schönheiten Portugals zu genießen, Billard zu spielen, zu lesen ...

Ich wünsche viel Erfolg beim Erlernen der portugiesischen Sprache!“